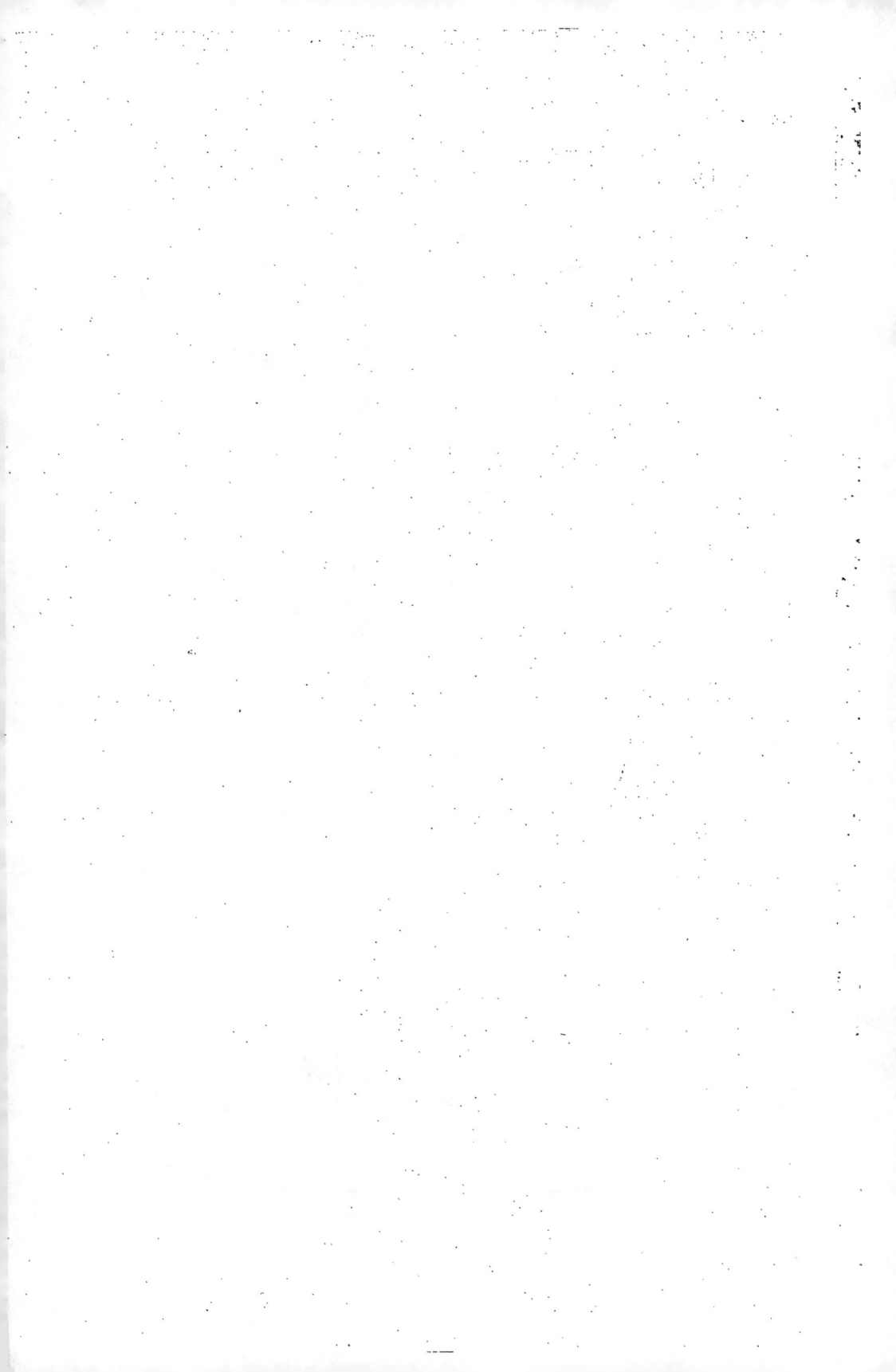

TRAITÉ PRATIQUE

SUR LE

SERVICE des TIMBRES des CONNAISSEMENTS

CRÉÉS PAR LA LOI DU 30 MARS 1872

PRÉCÉDÉ

Des Textes : De la loi du 30 mars 1872 ;
»   Du décret du 30 avril 1872 ;
»   De la circulaire administrative du 23 mai 1872 ;

ET SUIVI

D'une série de Modèles de Procès-Verbaux auxquels ont donné lieu
les infractions à la loi précitée ;
D'une note relative à l'emploi du timbre de dix centimes et du timbre
de dimension de soixante centimes pour certificats ;
Et des instructions pour la perception du droit de statistique.

PAR

C.-G. PENTHER

Vérificateur des Douanes

On peut exiger beaucoup de celui qui devient
auteur par amour de la gloire ou de l'intérêt ;
mais un homme qui n'écrit que pour remplir
un devoir dont il ne peut se dispenser, a sans
doute de grands droits à l'indulgence de ses
lecteurs.   LA BRUYÈRE (*Caractères*).

Prix : 2 fr. 50 c.

MARSEILLE

IMPRIMERIE ET STÉRÉOTYPIE T. SAMAT
Quai du Canal, 15.

1876

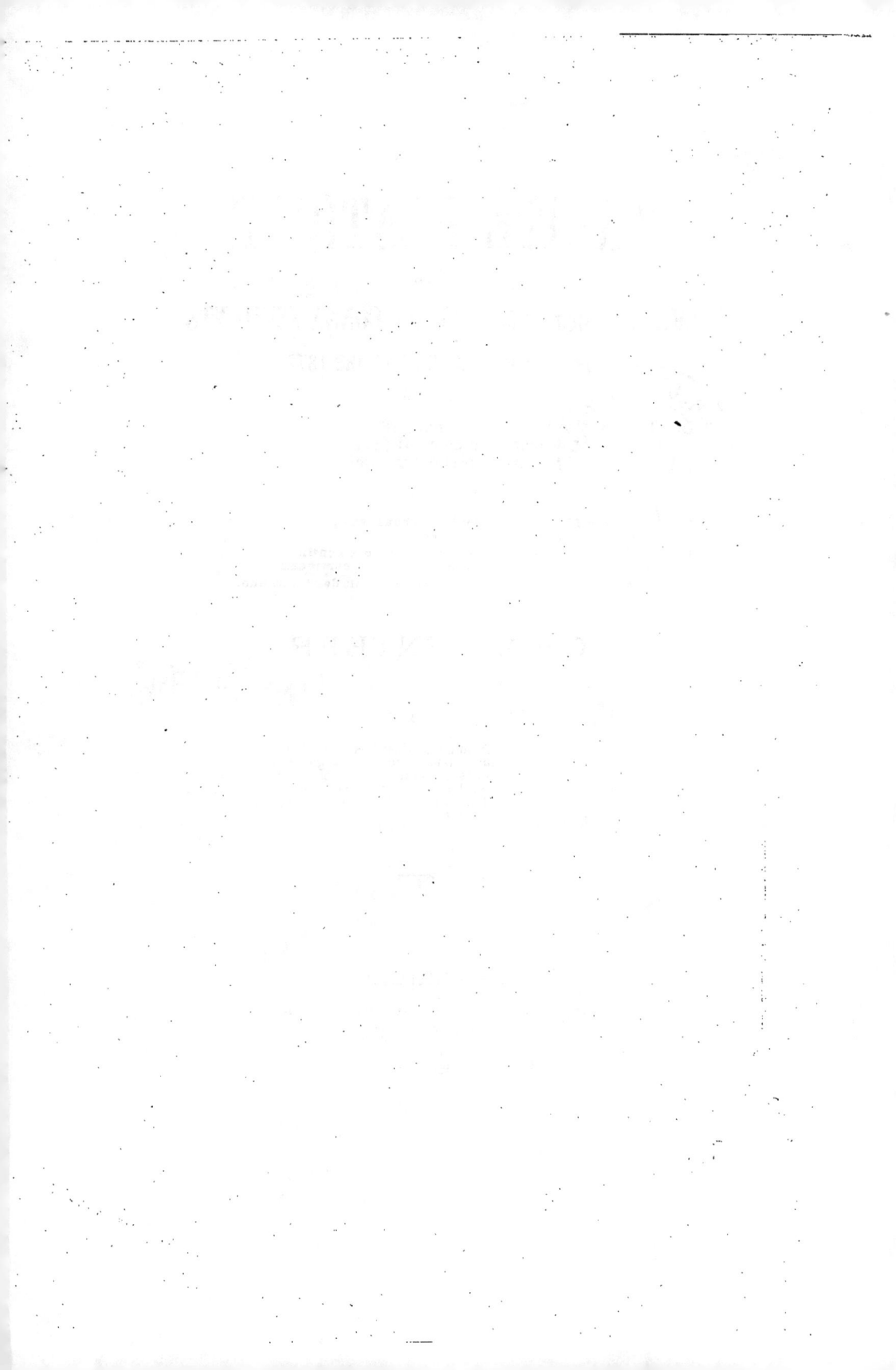

TRAITÉ PRATIQUE

SUR LE

SERVICE des TIMBRES des CONNAISSEMENTS

CRÉÉS PAR LA LOI DU 30 MARS 1872

PRÉCÉDÉ

De la loi du 30 mars 1872 ;
Du décret du 30 avril 1872 ;
De la circulaire administrative du 23 mai 1872 ;

ET SUIVI

D'une série de Modèles de Procès-Verbaux auxquels ont donné lieu les infractions à la loi précitée ;
D'une note relative à l'emploi du timbre de dix centimes et du timbre de dimension de soixante centimes pour certificats ;
Et des instructions pour la perception du droit de statistique.

PAR

C.-G. PENTHER

Vérificateur des Douanes

> On peut exiger beaucoup de celui qui devient auteur par amour de la gloire ou de l'intérêt ; mais un homme qui n'écrit que pour remplir un devoir dont il ne peut se dispenser, a sans doute de grands droits à l'indulgence de ses lecteurs.
> LA BRUYÈRE (*Caractères*).

MARSEILLE

IMPRIMERIE ET STÉRÉOTYPIE T. SAMAT
Quai du Canal, 15.

—

1876

©

PRÉFACE

En présentant le petit opuscule que nous adressons, à la fois, à nos collègues de la Douane et de l'Enregistrement, aux Négociants et aux Capitaines marins, nous n'avons pas eu la prétention de faire un ouvrage, mais seulement d'essayer d'être utile en réunissant, sous forme de simples notes rédigées par nous, au fur et à mesure et jour par jour, pour notre propre édification, tout l'historique du service des timbres de connaissements, créés par la loi du 30 mars 1872.

Nous avons eu aussi pour but d'aider, autant que possible, à l'interprétation et à l'application de la loi d'une manière uniforme dans toutes les Douanes de la Métropole et des Colonies françaises.

En prenant la succession du service que notre collègue et ami M. Trape a créé à Marseille, sous les auspices des chefs supérieurs, en y apportant la plus grande somme de soins et de lumières, nous avons été à même, depuis deux ans, de remarquer combien, en l'état, il fallait user de prudence et de sollicitude pour allier l'indulgence au respect du devoir; pour atténuer les rigueurs de la loi et prévenir l'effet de contraventions involontaires, le plus souvent commises par le commerce, en l'absence d'un guide qui permît de se mouvoir dans ce milieu nouvellement créé, lequel ajoutait encore aux diverses et nombreuses formalités en Douane.

La circulaire administrative du 23 mai 1872 est certes très claire et très précise; mais elle n'a pu évidemment prévoir tout ce que la pratique est venue faire connaître, soit pour atténuer la rigueur de la loi en ce qu'elle peut avoir de gênant pour le commerce qui se respecte, soit pour déjouer les moyens employés pour se soustraire au nouvel impôt.

C'est donc pour combler une lacune qui se faisait regretter, que nous venons offrir aujourd'hui ce modeste travail. Afin de le compléter, nous l'avons fait suivre de la loi du 30 mars 1872 et de la circulaire administrative du 23 mai suivant, n° 1164. Nous y avons joint une série de modèles de procès-verbaux auxquels ont donné lieu certaines infractions commises à l'encontre de la loi précitée.

Si nous avons pu réussir à être utile à nos collègues de la Douane et de l'Enregistrement, si nous avons pu, au moyen de ce guide, aider les Négociants et les Capitaines marins, nous nous considérerons suffisamment satisfait et récompensé des quelques soins que nous a coûtés cette petite œuvre, dégagée, d'ailleurs, de toutes préoccupations ambitieuses et personnelles. Faire un peu de bien dans les étroites limites de nos facultés, et, par cela, mériter les suffrages de nos concitoyens, telle est l'unique ambition qui nous a dirigé en composant ce modeste recueil de notes.

PENTHER.

Marseille, le 24 juillet 1875.

DÉPARTEMENT
des
Bouches – du – Rhône

DIRECTION
de
Marseille

N° 6025.

DIRECTION GÉNÉRALE

DE

L'ENREGISTREMENT, DES DOMAINES & DU TIMBRE

Marseille , le 8 décembre 1875.

MONSIEUR .

J'ai lu avec intérêt votre analyse de la loi du 30 mars 1872 sur le Timbre des Connaissements.

Votre travail essentiellement pratique qui reproduit les instructions, les décisions et les solutions administratives qui ont été rendues sur la matière, renferme des renseignements fort utiles pour les Agents des Douanes et de l'Enregistrement, chargés de l'application de la loi.

En le livrant à la publicité, vous leur faciliterez la perception d'un impôt qui, grâce à l'intelligent concours du service des Douanes, procure annuellement à l'Etat, dans le seul département des Bouches-du-Rhône, une recette de plus de 600,000 francs.

Agréez, Monsieur, l'assurance de mes sentiments distingués.

Le Directeur des Domaines,

BRUNEL.

Monsieur PENTHER , commis des Douanes, à Marseille.

Loi du 30 Mars 1872

Loi relative au Timbre des Récépissés des Chemins de fer
et des Connaissements.

ARTICLE PREMIER.— A partir du 8 avril 1872, le droit de timbre des récépissés délivrés par les chemins de fer, en exécution de la loi du 13 mai 1863, est fixé, y compris le droit de la décharge donnée par le destinataire, à soixante-dix centimes, pour chacun des transports effectués autrement qu'en grande vitesse.

Ces récépissés pourront servir de lettres de voitures pour les transports qui, indépendamment des voies ferrées, emprunteront les routes, canaux et rivières. Les modifications qui pourraient survenir en cours d'expédition, tant dans la destination que dans le prix et les conditions du transport, pourront être écrites sur ces récépissés.

Le droit de 70 centimes n'est pas assujetti aux décimes.

ART. 2. — Les entrepreneurs de messageries et autres intermédiaires de transports, qui réunissent en une ou plusieurs expéditions des colis ou paquets envoyés à des destinataires différents, sont tenus de remettre aux gares expéditrices un bordereau détaillé et certifié, écrit sur papier non timbré, en faisant connaître le nom et l'adresse de chacun des destinataires réels.

Il sera délivré, outre le récépissé pour l'envoi collectif, un récépissé spécial à chaque destinataire. Ces récépissés spéciaux ne donneront pas lieu à la perception du droit d'enregistrement au profit des Compagnies de chemins de fer, mais ils seront établis par les entrepreneurs de transports eux-mêmes, sur des formules timbrées que les Compagnies de chemins de fer tiendront à leur disposition, moyennant remboursement des droits et frais. Les numéros de ces récépissés seront mentionnés sur le registre de factage ou de camionnage que lesdits entrepreneurs ou intermédiaires seront tenus de faire signer pour décharge par les destinataires.

Ces livres ou registres seront représentés à toute réquisition aux agents de l'Enregistrement.

Chaque contravention aux dispositions qui précèdent sera punie d'une amende de 50 francs, et de 100 francs en cas de récidive dans le délai d'un an.

Ces contraventions seront constatées par tous les agents ayant qualité pour verbaliser en matière de timbre et par les commissaires de surveillance administrative.

ART. 3. — Tout transport par mer et sur les fleuves, rivières et canaux, dans le rayon de l'inscription maritime, doit être accompagné de connaissements.

A partir du 1er mai 1872, les quatre originaux prescrits par l'art. 282 du Code de commerce seront présentés simultanément à la formalité du timbre. Celui des originaux qui sera destiné à être remis au capitaine sera soumis à un droit de timbre de 2 francs ; les autres originaux seront timbrés gratis, mais ils ne seront revêtus que d'une estampille sans indication de prix.

Le droit de 2 francs est réduit à 1 franc pour les expéditions par le petit cabotage de port français à port français.

ART. 4. — Les connaissements venant de l'étranger seront soumis, avant tout usage en France, à des droits

de timbre équivalents à ceux établis sur les connaissements créés en France.

Il sera perçu sur le connaissement en la possession du
capitaine un droit minimum de 1 franc, représentant le
timbre du connaissement ci-dessus désigné et celui du
consignataire de la marchandise.

Ce droit sera perçu par l'apposition de timbres mobiles.

ART. 5.— S'il est créé en France plus de quatre connaissements, ces connaissements supplémentaires seront
soumis chacun à un droit de 50 centimes.

Ces droits supplémentaires pourront être perçus au
moyen de timbres mobiles. Ils seront apposés sur le
connaissement existant entre les mains du capitaine,
et en nombre égal à celui des originaux qui auraient
été rédigés, et dont le nombre doit être mentionné
conformément à l'art. 1325 du Code civil.

Dans le cas où cette mention ne serait pas faite sur
l'original représenté par le capitaine, il sera perçu un
droit triple de celui fixé par l'art. 3 ci-dessus.

ART. 6.— Tout connaissement créé en France et non
timbré donnera lieu à une amende de 50 francs contre
le chargeur. En outre, une amende d'égale somme sera
exigée personnellement et sans recours, tant du capitaine que de l'armateur ou de l'expéditeur du navire.

Les contraventions seront constatées par les employés des douanes, par ceux des contributions indirec-
tes et par tous les agents ayant qualité pour verbaliser
en matière de timbre.

Il leur est alloué un quart des amendes recouvrées.

Les capitaines de navires français ou étrangers devront exhiber aux agents des douanes, soit à l'entrée,
soit à la sortie, les connaissements dont ils doivent
être porteurs, aux termes de l'art. 3 ci-dessus.

Chaque contravention à cette prescription sera punie d'une amende de 100 francs à 600 francs.

ART. 7.— Un règlement d'administration publique déterminera la forme et les conditions d'emploi des timbres mobiles créés par la présente loi, ainsi que toutes autres mesures d'exécution. Sont applicables à ces timbres les dispositions de l'art. 21 de la loi du 21 juin 1859.

Chaque contravention au règlement d'administration publique à intervenir sera punie d'une amende de 50 francs.

Les formules de connaissements pourront être revêtues de l'empreinte du timbre dans les départements. Les dispositions des art. 6 et 7 de la loi du 11 juin 1842 sont abrogées en ce qui les concerne.

Délibéré en séance publique, à Versailles, le 30 mars 1872.

Le Président,

Signé : Jules GRÉVY.

Les Secrétaires,

Signé : Baron de BARANTE, Albert DESJARDINS, Marquis de BEAUREGARD, Paul de RÉMUSAT, Francisque RIVE.

Le Président de la République,

Signé : A. THIERS.

Le Ministre de l'Agriculture et du Commerce, *chargé par intérim du ministère des Finances*,

Signé : E. de GOULARD.

Pour copie conforme :

Le Directeur général des Douanes,

Signé : AMÉ.

Décret du 30 Avril 1872

*Décret portant règlement d'Administration publique,
relativement à la forme et aux conditions d'emploi
des Timbres Mobiles, créés en vertu de la loi du
30 Mars 1876.*

Le Président de la République française, sur le
rapport du Ministre des Finances ; vu l'art. 4 de la loi
du 30 mars 1872, relatif au timbre des connaissements
venant de l'étranger, portant :

« Il sera perçu sur le connaissement en la possession
« du capitaine un droit minimum de 1 franc, représen-
« tant le timbre de connaissement ci-dessus désigné et
« celui du consignataire de la marchandise.

« Ce droit sera perçu par l'apposition de timbres
« mobiles ; »

Vu l'art. 5 de la loi précitée, ainsi conçu :

« S'il est créé en France plus de quatre connaisse-
« ments, les connaissements complémentaires seront
« soumis chacun à un droit de 50 centimes.

« Ces droits supplémentaires pourront être perçus au
« moyen de timbres mobiles. Ils seront apposés sur le
« connaissement existant entre les mains du capitaine.»

Vu l'art. 7, portant :

« Un règlement d'administration publique détermi-
« nera la forme et les conditions d'emploi des timbres
« mobiles créés en vertu de la présente loi, ainsi que
« toutes autres mesures d'exécution. »

La commission provisoire chargée de remplacer le
Conseil d'Etat entendue,

Décrète :

ARTICLE PREMIER.— Il est établi pour l'exécution des

art. 4 et 5 de la loi du 30 mars 1872, des timbres mobiles à 50 centimes et à 1 franc, conformes aux modèles annexés au présent décret.

Chaque timbre se compose de deux empreintes, dont l'une, portant l'indication du prix, est toujours apposée sur le connaissement destiné au capitaine, et dont l'autre, désignée sous le nom d'*estampille de contrôle*, est appliquée, savoir :

Pour les connaissements créés en France en excédant du nombre prescrit par l'art. 282 du Code de commerce, sur chaque original supplémentaire ;

Pour les connaissements venant de l'étranger, sur l'original destiné au consignataire et sur tous autres originaux qui seraient représentés par le capitaine.

L'administration de l'Enregistrement et des Domaines et du Timbre fera déposer aux greffes des Cours et Tribunaux des spécimens de ces timbres mobiles. Le dépôt sera constaté par procès-verbal dressé sans frais.

ART. 2.— Les timbres mobiles à 50 centimes, destinés aux originaux supplémentaires des connaissements créés en France, sont apposés au moment même de la rédaction des connaissements.

Le timbre, avec indication de prix, appliqué sur le connaissement qui est entre les mains du capitaine, ainsi que l'estampille de contrôle placée sur l'original supplémentaire, sont oblitérés immédiatement, soit au moyen de l'apposition à l'encre noire de la signature du chargeur ou de l'expéditeur, et de la date de l'oblitération, soit par l'apposition à l'encre grasse d'une griffe faisant connaître le nom et la raison sociale du chargeur ou de l'expéditeur, ainsi que la date de l'oblitération.

ART. 3.— Les timbres à 1 franc, établis pour les connaissements venant de l'étranger, sont apposés par les agents des Douanes, comme suppléant, les receveurs de l'Enregistrement.

Le timbre, avec indication de prix est appliqué sur l'original existant entre les mains du capitaine, et l'estampille de contrôle sur le connaissement destiné au consignataire, s'il est représenté. Ces timbres mobiles sont oblitérés immédiatement sur les deux originaux au moyen d'une griffe.

Lorsque le connaissement destiné au consignataire n'est pas représenté en même temps que celui du capitaine, l'estampille de contrôle est remise au capitaine.

Cette estampille est apposée par le consignataire et elle doit être oblitérée, soit au moyen de l'inscription à l'encre noire de sa signature et de la date de l'oblitération, soit au moyen d'une griffe à date établie dans les conditions prévues à l'art. précédent.

ART. 4.— Lorsque le capitaine venant de l'étranger représente plus de deux connaissements, le droit, de 50 centimes en principal, dû pour chaque connaissement supplémentaire est perçu par l'administration des Douanes, au moyen de l'apposition de timbres mobiles à 50 centimes, créés par le présent décret.

Ces timbres mobiles sont apposés et oblitérés par les agents des Douanes, selon le mode prescrit par les deux premiers alinéas de l'article qui précède.

ART. 5.— Le Ministre des Finances est chargé de l'exécution du présent décret.

Fait à Versailles, le 30 avril 1872.

Signé : A. THIERS.

Par le Président de la République :

Le Ministre des Finances,

Signé : E. DE GOULARD.

Pour copie conforme :

Le Directeur général des Douanes,

Signé : AMÉ.

DIRECTION
GÉNÉRALE
des
DOUANES

2ᵉ Division

4ᵉ *Bureau*

Ordonnancement
et Matériel.

TIMBRE

RÉCÉPISSÉS
de
Chemins de Fer

Connaissements

Exécution
de la loi
du 30 Mars 1872

CIRCULAIRE
Nᵒ 1164

Circulaire du 23 Mai 1872, Nᵒ 1164.

Paris, le 23 Mai 1872.

Une loi du 30 mars 1872, dont ampliation est ci-jointe, a promulgué de nouvelles dispositions applicables aux connaissements et aux récépissés de chemins de fer.

Les agents des Douanes sont chargés, dans la mesure qui incombe à leurs fonctions, d'assurer le recouvrement de ces droits.

Il importe, dès lors, de préciser les règles auxquelles le service doit se conformer.

Les directeurs ont déjà reçu, au sujet des récépissés, copie d'une lettre que m'a adressée, le 16 avril dernier, mon collègue de l'Enregistrement, des Domaines et du Timbre. *(Récépissés des chemins de fer.)*

La quotité des droits actuels et le mode à suivre pour en opérer la perception y ont été déterminés.

Les directeurs ayant annoncé qu'ils avaient donné des ordres dans le sens de cette lettre, il appartient aujourd'hui aux inspecteurs divisionnaires et aux sous-inspecteurs des gares d'aviser pour qu'aucun des récépissés relatifs à des marchandises venant de l'étranger n'échappe à l'impôt.

L'art. 3 de la loi du 30 mars 1872 établit que tout transport par mer et sur les fleuves, rivières et canaux, dans le rayon de l'Inscription maritime, doit être accompagné de connaissements. *(Connaissements. Quotité des droits exigibles. Règle générale applicable aux connaissements créés en France. Long-cours. Grand cabotage.)*

Aux termes de l'art. 282 du Code de commerce, chaque connaissement est fait en quatre originaux au moins : un pour le chargeur, un pour celui à qui les marchandises sont adressées, un pour le capitaine, un pour l'armateur du bâtiment. Les quatre originaux sont signés par le chargeur et par le capitaine.

Chacun de ces quatre originaux doit être soumis à la formalité du timbre ; mais c'est sur celui qui est destiné au capitaine qu'est reportée, soit par le timbrage à l'extraordinaire, soit par l'apposition de timbres mobiles, la totalité des droits exigibles. Les trois autres originaux sont revêtus d'une estampille sans indication de prix, d'où il suit que chaque connaissement étant en principe passible d'un droit fixé par la nouvelle loi au minimum du timbre de dimension (50 centimes, plus les décimes), il doit être perçu, sur le connaissement du capitaine, 2 fr. 40 cent.

Cette fixation des droits afférents aux quatre originaux du connaissement comporte une exception.

ts affé- aux con- nents du abotage.

Elle concerne les expéditions par le petit cabotage, pour lesquelles le droit de 2 fr. 40 cent. est réduit à 1 fr. 20 cent.

Par petit cabotage il faut entendre, d'après les définitions données par les ordonnances et dépêches ministérielles de la Marine, qui font loi dans l'espèce : 1º la navigation côtière entre les ports français de la Manche et de l'Océan ; 2º la navigation côtière dans la Méditerranée, non seulement entre les ports français de notre littoral, mais encore entre ces ports et ceux de la Corse.

ts affé- aux con- nents ve- e l'étran-

Les connaissements venant de l'étranger sont soumis, avant tout usage en France, à des droits de timbre équivalents à ceux établis sur les connaissements créés en France (art. 4.)

Mais comme il y a présomption, d'après la loi, que deux des originaux, notamment quand il s'agit de navires étrangers, ont été laissés à des parties qui résident hors de France, l'armateur et le chargeur, jusqu'à preuve du contraire, il ne sera perçu sur le connaissement en possession du capitaine qu'un droit de 1 fr.20 c., représentant le timbre de ce connaissement et celui de l'original destiné au consignataire de la marchandise.

Il est, dès lors, évident que si les originaux qui sont réputés à l'étranger, et qui par ce fait échappent à la loi française, ou l'un des deux, venaient à être produits par le capitaine, il y aurait lieu d'exiger, suivant l'un ou l'autre cas, soit un droit supplémentaire de 1 fr. en principal, soit un droit supplémentaire de 50 cent. en principal.

Les connaissements venant des Colonies françaises où le timbre n'est pas établi sont assujettis aux droits dans les mêmes conditions que les connaissements venant de l'étranger. *Droits afférents aux connaissements venant des Colonies françaises.*

Quant aux connaissements timbrés dans certaines Colonies françaises au timbre spécial en usage dans lesdites Colonies, ils sont passibles des suppléments de droits (principal et décimes) exigibles d'après la législation de la Métropole.

Dans la pratique commerciale, et par suite de ses besoins, il est souvent rédigé plus de quatre originaux des connaissements. Chacun de ces connaissements supplémentaires est soumis au droit applicable aux connaissements originaux, c'est-à-dire au droit de 50 cent. en principal. *Droits afférents aux connaissements supplémentaires*

Le connaissement entre les mains du capitaine doit énoncer le nombre d'originaux qui en a été fait, le connaissement, comme acte sous seing-privé, ne pouvant être valable, aux termes de l'art. 1325 du Code civil, qu'à cette condition. Ainsi fixé sur le nombre des connaissements supplémentaires, le service aura à veiller à ce que le connaissement du capitaine soit re- *Connaissements supplémentaires créés en France.*

vêtu, indépendamment du timbre à 2 fr. ou à 1 fr., suivant la nature dudit connaissement, d'autant de timbres à 50 cent. qu'il en aura été fait d'originaux excédant quatre.

Dans le cas où la mention prescrite par l'art. 1325 précité serait omise, cette omission donnerait ouverture à la perception d'un triple droit, soit 7 fr. 20 cent., décimes compris, s'il s'agit d'un connaissement au long-cours ou au grand cabotage, ou 3 fr. 60 cent., s'il s'agit d'une expédition au petit cabotage.

Amendes encourues en cas de contraventions. Comme sanction des dispositions qui précèdent, l'art. 6 a établi trois amendes de 50 francs chacune en principal, l'une contre le chargeur, la seconde contre le capitaine et la troisième contre l'armateur ou l'expéditeur du navire. Ces amendes sont personnelles.

Il n'est prononcé aucune amende contre le consignataire de la marchandise, qui, en général, ne participe pas à la rédaction du connaissement.

L'art. 7 frappe d'une amende de 50 fr. chaque contravention au règlement (*) d'administration publique rendu le 30 avril dernier, et dont le texte ci-annexé détermine la forme et les conditions d'emploi des timbres mobiles créés par la loi, ainsi que toutes les autres mesures d'exécution.

Ces diverses contraventions peuvent être constatées par les employés des douanes.

Un quart des sommes recouvrées est attribué aux rédacteurs des procès-verbaux qui doivent être rapportés à la requête du Directeur général de l'Enregistrement, des Domaines et du Timbre, et remis aux receveurs de cette administration, lesquels sont chargés de faire les diligences et poursuites nécessaires pour le recouvrement des amendes et frais.

(*) Voir le règlement d'administration publique (décret du 30 avril 1872.)

Enfin, la loi nouvelle du 30 mars, (art. 6, §§ 4 et 5) impose aux capitaines des navires français et étrangers l'obligation d'exhiber aux agents des Douanes, à l'entrée comme à la sortie, les connaissements dont ils sont porteurs, sous peine d'une amende de 100 à 600 fr.

Obligation sous peine d'amende d'exhiber à la Douane les connaissements.

Le législateur a voulu ainsi armer le service des moyens coercitifs qui lui manquaient pour concourir efficacement au recouvrement de l'impôt. Cette disposition mérite une attention spéciale.

Le service, en effet, ne doit pas perdre de vue que, par suite de l'obligation édictée, les connaissements font aujourd'hui partie intégrante des papiers de bord qui doivent lui être produits, soit pour mettre un navire en déclaration à l'entrée, soit pour l'expédier au moment de la sortie. C'est une règle de droit étroit. Elle ne comporte aucune exception, les connaissements devant toujours être représentés à la Douane. Seulement, afin de ne pas apporter d'entraves aux opérations des steamers ou navires à vapeur qui ne font dans nos ports qu'une très courte escale, il est admis que le service n'exige pas des capitaines de ces navires l'exhibition des connaissements au moment même de l'arrivée ou du départ. Mais alors les consignataires desdits navires doivent s'engager, par soumission cautionnée, à produire les connaissements au bureau d'entrée en même temps que la déclaration en détail, et au bureau de sortie, dans les vingt-quatre heures qui suivront le départ du navire. On relatera sur les manifestes les conditions et la date des soumissions souscrites.

Au sujet de la sanction de l'art. 6, il est à remarquer que le refus d'exhibition des connaissements constitue non pas une contravention aux lois et règlements de l'administration de l'Enregistrement, des Domaines et du Timbre, mais bien une contravention aux lois et règlements de Douane. Cette contravention doit, par

2

conséquent, être poursuivie et jugée comme toutes les autres contraventions civiles constatées par notre service et pour son compte.

Mode de perception des droits.

Deux modes sont adoptés, ainsi qu'il a été dit précédemment, pour la perception du droit de timbre afférent aux quatre originaux obligatoires des connaissements créés en France : le timbrage à l'extraordinaire ou l'apposition de timbres mobiles spéciaux. C'est le premier mode qui doit être généralement employé ; mais, dans certains cas exceptionnels, il pourra y être suppléé par l'application pour chaque série de quatre originaux, en ce qui concerne le grand cabotage ou le long-cours, soit d'un timbre mobile à 2 fr., soit d'un timbre mobile à 1 fr. et de deux timbres mobiles à 50 c.

Connaissements originaux créés en France.

On opérera d'une manière analogue pour les connaissements au petit cabotage, dont le droit fixe est de 1 fr. seulement.

Connaissements supplémentaires

Le droit de timbre des connaissements créés en France, en sus du nombre prescrit par le Code de commerce, et celui des connaissements venant de l'étranger peuvent être acquittés au moyen de l'apposition de timbres mobiles. (Art. 4 et 5.)

Connaissements venant de l'étranger.

Etablis par le règlement d'administration publique du 30 avril dernier, ces timbres mobiles sont d'un modèle spécial et du prix de 50 cent. et de 1 fr.

« Chacun d'eux se compose de deux empreintes (ins-
« truction n° 2443 de l'enregistrement), dont l'une, por-
« tant l'indication du prix, doit toujours être apposée
« sur le connaissement du capitaine, et dont l'autre,
« désignée sous le nom d'*Estampille de contrôle*, est
« destinée à être appliquée, savoir :

« Pour les connaissements créés en France en sus du
« nombre obligatoire, sur l'original supplémentaire ;

« Et pour les connaissements venant de l'étranger,
« sur l'original du consignataire, ainsi que sur tous les

« autres originaux qui seraient représentés par le
« capitaine. »

Les timbres mobiles à 50 centimes, destinés aux originaux supplémentaires des connaissements créés en
France, doivent être apposés (art. 2 du règlement) au
moment de la rédaction du connaissement.

Quant aux timbres mobiles à 1 fr. (empreinte et
estampille) établis pour les connaissements venant de
l'étranger, ils seront apposés par les agents des douanes, qui sont chargés de suppléer les receveurs de l'enregistrement. (Art. 3 du règlement.)

Lorsque le connaissement destiné au consignataire
ne sera pas représenté en même temps que celui du capitaine, l'estampille de contrôle sera remise au capitaine.
Cette estampille sera apposée par le consignataire, qui
aura à exhiber au service des douanes, lors de la déclaration en détail, son connaissement régulièrement revêtu de ladite estampille.

« Il peut arriver, d'autre part, (instruction n° 2443 de
« l'enregistrement) que des connaissements soient adres-
« sés de l'étranger au destinataire ou à un correspon-
« dant résidant dans l'intérieur de la France, afin de
« permettre la négociation de la marchandise. S'il est
« fait usage de ce connaissement, il doit être timbré à
« 50 cent., en principal au moyen de l'apposition d'un
« timbre de dimension de cette quotité, soit mobile, soit
« à l'extraordinaire, soit à l'ordinaire. Cette apposition
« n'empêcherait pas néanmoins l'application, à l'arrivée
« du navire, d'un timbre mobile de 1 fr. sur l'original
« du capitaine, car le connaissement dont il est question
« ci-dessus est distinct de celui du consignataire, à moins
« que le consignataire ne soit lui-même le destinataire
« de la marchandise. Dans ce cas, qui est fort rare, et si
« l'original du consignataire était représenté dûment

« timbré, il ne serait perçu que 50 cent., sur le connais-
« sement du capitaine ; mais ce connaissement devrait
« être revêtu de deux empreintes (timbre et estampille)
« du timbre mobile des connaissements.»

Lorsqu'un capitaine venant de l'étranger représen-
tera plus de deux originaux, il sera dû, suivant les règles générales posées par la loi, un droit de 50 cent.,
pour chaque connaissement supplémentaire. Ce droit
sera perçu par les agents des douanes, qui devront appliquer sur le connaissement du capitaine autant de
timbres mobiles à 50 cent., en principal qu'il y aura de
connaissements supplémentaires.

Connaissements venant des Colonies françaises

Les suppléments de droits, afférents aux connaissements timbrés au timbre spécial de certaines colonies
françaises, seront perçus distinctement sur chaque connaissement au moyen du visa pour timbre. Lorsque
cette formalité aura été remplie par la Douane, le produit du droit sera porté aux opérations de trésorerie,
à l'article *Recouvrements pour des tiers*, et versé à la
fin du mois à la caisse du receveur de l'Enregistrement
de la résidence.

Oblitération des timbres.

Oblitération des timbres mobiles sur les connaissements créés en France

Les timbres mobiles dont il pourrait être fait usage
pour les quatre originaux obligatoires et les timbres
mobiles employés pour les originaux supplémentaires
(empreintes et estampilles) devront être oblitérés lors
de la rédaction des connaissements, et au moment même
où ils seront collés, soit au moyen de l'apposition, à
l'encre noire, de la signature du chargeur ou expéditeur
et de la date de l'oblitération, soit par l'apposition, à
l'encre grasse, d'une griffe indiquant le nom et la raison
sociale du chargeur ou de l'expéditeur, ainsi que la date
de l'oblitération.

Oblitération des timb.mobiles sur les connaissements venant de l'étranger.

Les timbres mobiles placés par le service des Douanes
sur les connaissement venant de l'étranger (empreinte
et estampille) seront oblitérés, sitôt leur apposition, au

moyen de la griffe R D dont vont être pourvus les receveurs des Douanes pour l'oblitération de tous les timbres autres que ceux des récépissés des chemins de fer.

Provisoirement, et en attendant que l'administration de l'Enregistrement ait pu fournir ces griffes en nombre suffisant, l'oblitération s'effectuera au moyen des cachets à l'encre grasse existant dans chaque bureau et de la signature du receveur.

Mais dans le cas où le connaissement du consignataire n'étant pas représenté en même temps que celui du capitaine, remise est faite à ce dernier de l'estampille de contrôle, c'est le consignataire, et non pas le service, qui doit oblitérer l'estampille, par l'inscription à l'encre noire de sa signature ou d'une griffe à date établie dans les conditions spécifiées pour l'oblitération des timbres mobiles des connaissements créés en France.

Les receveurs auront à s'approvisionner, au bureau de l'Enregistrement dans la circonscription duquel ils sont placés, du nombre de timbres mobiles spéciaux qui sera nécessaire pour assurer l'exécution de la loi du 30 mars 1872. *Approvisionnement de timb. mobiles.*

L'achat de ces timbres sera prélevé sur les fonds dont les receveurs sont dépositaires. Lesdits timbres seront dès lors comptés comme valeurs en caisse, et les inspecteurs auront à en vérifier l'existence tout de même qu'ils vérifient l'existence des autres valeurs.

Ils auront aussi à veiller à ce que l'approvisionnement de chaque receveur soit toujours en rapport avec les besoins de la situation.

Il sera alloué aux receveurs, sur les achats de timbres, une remise de 2 1/2 p. 0/0. *Remise accordée aux receveurs.*

Le contrôle que doit exercer le service sur les connaissements, d'après les instructions de la présente, constituera un surcroît de travail, principalement dans les grandes douanes. Mais l'administration est habituée à compter sur le dévouement de ses agents à tous les degrés de la hiérarchie, et elle sait qu'au cas actuel il ne lui fera pas défaut.

Le Directeur général des Douanes,

Signé : AMÉ.

Pour ampliation,

L'Administrateur,

Signé : DELMAS.

Extrait de la loi du 11 Juin 1859.

ART. 19.— Le droit de timbre auquel l'art. 3 de la loi du 5 juin 1850 assujettit les effets de commerce venant, soit de l'étranger, soit des Iles ou des Colonies dans lesquelles le timbre n'aurait pas été établi, pourra être acquitté par l'apposition, sur ces effets, d'un timbre mobile que l'administration de l'Enregistrement est autorisé à vendre. — La forme et les conditions d'emploi de ce timbre mobile seront déterminées par un règlement d'administration publique.

ART. 20. — *Seront considérés comme non timbrés :* 1° les effets mentionnés en l'art. 19 sur lesquels le timbre mobile aurait été apposé sans l'accomplissement des conditions prescrites par le règlement d'administration publique, ou sur lesquels aurait été apposé un timbre mobile ayant déjà servi ; 2° les actes, pièces et écrits autres que ceux mentionnés en l'art. 19, et sur lesquels un timbre mobile aurait été indûment apposé.— En conséquence, toutes les dispositions pénales et autres des lois existantes — concernant les actes, pièces et écrits non timbrés, pourront leur être appliquées.

ART. 21. — Ceux qui auront sciemment employé, vendu ou tenté de vendre des timbres mobiles ayant déjà servi, seront poursuivis devant le tribunal correctionnel et punis d'une amende de 50 à 1000 fr. En cas de récidive, la peine sera d'un emprisonnement de 5 jours à un mois et l'amende sera doublée. Il pourra être fait application de l'art. 463 du code pénal.

INSTRUCTIONS

INSTRUCTIONS RELATIVES AU SERVICE DU TIMBRE
DES CONNAISSEMENTS.

Le connaissement est l'acte sous seing-privé passé entre le chargeur d'une marchandise et le capitaine qui prend à son bord cette marchandise pour la conduire à un port désigné et à des conditions déterminées. Connaissement

Les dimensions de la feuille ne sont pas limitées ; cependant si cet acte était rédigé sur plusieurs feuilles collées les unes après les autres, il y aurait lieu d'y appliquer autant de timbres qu'il y aurait de feuilles réunies. (Décision de M. le Directeur de l'Enregistrement à Marseille.)

Le connaissement, d'après le code de commerce, titre VII, art. 281, doit exprimer : la nature et la quantité ainsi que les espèces ou qualités des objets à transporter — le nom du chargeur, le nom et l'adresse de celui à qui l'expédition est faite. — Le nom et le domicile du capitaine — le lieu du départ et la destination. — Il doit énoncer le prix du frêt. Il présente en marge les marques et numéros des objets à transporter. Le connaissement peut être à ordre ou au porteur ou à personne désignée. Code de Comm.
art. 281.

Chaque connaissement est fait *en quatre originaux au moins :* un pour le chargeur, un pour celui à qui les marchandises sont adressées, un pour le capitaine, un pour l'armateur ou l'expéditeur du navire. Les quatre originaux sont signés par le chargeur et par le capitaine dans les **vingt-quatre** heures après le chargement. Le chargeur est tenu de fournir au capitaine, dans le même délai, les acquits des marchandises chargées. Art. 282.

Les actes sous seing-privé qui contiennent des conventions synallagmatiques ne sont valables qu'autant qu'ils ont été faits en autant d'originaux qu'il y a de parties ayant un intérêt distinct. Il suffit d'un original pour toutes les personnes ayant le même intérêt ; chaque original doit contenir la mention du nombre d'originaux qui en ont été faits. Néanmoins le défaut de mention que les originaux ont été faits doubles, triples, etc., ne peut-être apposé par celui qui a exécuté de sa part la convention portée dans l'acte.

Manifeste. Le manifeste est la reproduction exacte de tous les connaissements des marchandises composant le chargement d'un navire.

Aux termes de la loi du 30 mars 1872, (art. 6 §§ 4 et 5) ces connaissements font partie intégrante des papiers de bord, et doivent, en conséquence, à toute réquisition, être exhibés, par les capitaines, aux agents des Douanes, sous peine d'une amende de 100 à 600 fr.

ENTRÉE

Navires venant de l'étranger. Le manifeste enregistré au bureau de la navigation est ensuite présenté à celui du timbre des connaissements par le capitaine ou le courtier maritime le représentant. Les numéros d'ordre d'inscription des marchandises y donnent le nombre des connaissements à soumettre à la formalité du timbre.

Le manifeste est inscrit au registre, d'ordre (*) du bureau du timbre avec la mention du nombre de con-

(*) Voir le modèle.

REGISTRE D'ORDRE

(Modèle)

RELEVÉS JOURNALIERS d[e]

Numéros d'Ordre	DATES	COURTIERS	CAPITAINES	NOMS DES NAVIRES	PROVENANCES	NOMBRE de CONNAISSEMENTS à 1 fr. 20	SOMMES Perçues		NOMBRE de CONNAISSEMENTS à 2 fr. 40
							fr.	c.	

Timbres Mobiles employés.

SOMMES Perçues		NOMBRE de Timbres Supplémentaires à 60 centimes	SOMMES Perçues		NOMBRE de Timbres à 60 centimes (Certificats)	SOMMES Perçues		OBSERVATIONS	TOTAL GÉNÉRAL
fr.	c.		fr.	c.		fr.	c.		

naissements présentés et timbrés et de la somme totale perçue ; pareille mention est portée en tête du manifeste avec le numéro d'ordre de l'inscription au registre.

L'art. 3 de la loi du 30 mars 1872 prescrit que les timbres mobiles à 1 fr. 20 c. établis pour les connaissements venant de l'étranger seront apposés par les agents des douanes chargés de suppléer les receveurs de l'Enregistrement.

Sur chaque connaissement du capitaine le timbre mobile de 1 fr. 2/10 est appliqué, puis oblitéré au moyen de la griffe R D ; remise est faite immédiatement au capitaine ou au courtier maritime d'un nombre égal d'estampilles de contrôle destinées à être collées sur les connaissements entre les mains des consignataires. Ces estampilles doivent être oblitérées *par eux*, soit au moyen de l'apposition à l'encre noire de la signature et de la date de l'oblitération, soit par l'apposition à l'encre grasse d'une griffe indiquant le nom et la raison sociale ainsi que la date de l'oblitération.

Griffe officielle R D. Les agents des Douanes ne doivent se servir de la griffe officielle R D que pour l'oblitération des timbres mobiles à 1 fr. 2/10 placés par eux sur les connaissements venant de l'étranger et pour l'oblitération de tous les timbres mobiles autres que ceux des récépissés des chemins de fer.

Oblitération L'empreinte de la griffe R D doit toujours être mise en travers, de manière à ce que les extrémités dépassent le timbre de chaque côté et portent sur l'acte.

Il est donc bien recommandé dans les cas où le timbre et l'estampille de contrôle sont employés en même temps de les éloigner l'un de l'autre afin de les oblitérer séparément.

Nota. — Monaco, au point de vue de l'impôt du timbre des connaissements est assimilé à l'étranger, c'est-à-dire qu'à l'entrée en France, les connaissements y provenant sont passibles du droit de 1 fr. 2/10; celui de 2 fr. 2/10 est exigible pour ceux créés en France à destination de cette principauté. (Décision administrative du 21 août 1872.)

Ne doivent pas être considérées comme l'étranger, les colonies françaises de l'Algérie, de la Réunion, de la Guadeloupe, de la Martinique et du Sénégal. (Décision administrative du 3 mai 1872). Voir les instructions relatives à ces colonies.

Il arrive assez souvent que des connaissements sont créés à l'étranger pour de fortes quantités de marchandises et que ces marchandises ne sont pas embarquées en totalité sur les navires désignés aux connaissements, à cause du séjour limité des steamers dans les différents ports d'escale. Ces reliquats sont chargés et ramenés en France sur les premiers vapeurs de passage des mêmes compagnies. C'est pour ce motif que ces marchandises figurent sans connaissement aux manifestes de ces derniers navires.

Marchandises manifestées nominativement ou à ordre sans connaissement.

Il se présente aussi quelquefois que certaines parties des marchandises arrivent sans connaissement, les capitaines ayant oublié ces actes au port d'embarquement. Dans tous les cas *c'est toujours exceptionnellement que des poursuites ne sont pas exercées contre les capitaines pour défaut de connaissements chefs.* En pareille occurence le manifeste est annoté au moyen de la lettre P, portée à la suite de la marchandise ; cette lettre signifie que le connaissement du consignataire est à produire au moment de la délivrance des permis pour l'enlèvement des colis.

L'employé chargé de la décharge des manifestes

3

adresse le permis à celui du bureau du timbre qui exige
du consignataire la production de son connaissement.
Cette pièce est revêtue du timbre et de l'estampille de
contrôle oblitérés au moyen de la griffe R D.

A défaut de connaissement (ce qu'il ne faut pas laisser généraliser) le timbre et l'estampille de contrôle
sont appliqués sur le permis qui, dans l'un et l'autre
cas, doit porter le numéro sous lequel il a été inscrit au
registre d'ordre.

Marchandises manifestées en plus et celles ajoutées au manifeste avec autorisation des chefs. Le droit de timbre de connaissement est dû pour toutes les marchandises non manifestées et trouvées en
plus au débarquement des navires et pour celles ajoutées aux manifestes avec autorisation d'un chef, quand
ces marchandises sont mises à la consommation, en
entrepôt ou sont expédiées en transit.

Ces irrégularités sont inhérentes à la navigation à
vapeur et se produisent à l'insu des capitaines à cause
de la rapidité des embarquements et de l'encombrement
des colis dans les ports d'escale ; elles ne portent d'ailleurs, le plus souvent, que sur de petits colis faisant
l'objet de bulletins créés par les capitaines.

Les permis relatifs à ces marchandises sont adressés
au bureau du timbre après décharge du bulletin complé-
mentaire du manifeste. Comme le plus souvent il n'existe
pas de connaissement, le service doit percevoir le droit,
par l'apposition, sur les permis, d'autant de timbres et
d'estampilles qu'il y a de marques ou d'adresses différentes sur les déclarations préalablement inscrites au
registre d'ordre. (Décision de M. le Directeur de l'enregistrement des Domaines et du Timbre de Marseille).

Marchandises manifestées aux provisions de bord ou au capitaine. En cas de transbordement de ces colis pour l'étranger,
(voir art. transbordement).

Souvent les capitaines portent, aux provisions de bord
ou à la fin des manifestes de petites pacotilles leur ap-

partenant et pour lesquelles ils n'ont pas de connaissement.

A défaut de procès-verbaux, de sérieuses observations doivent être adressées aux capitaines afin d'éviter le retour de semblables infractions que punit, d'une amende de 100 fr. à 600 fr. la loi du 30 mars 1872.

La remise des permis présentés pour la décharge des manifestes ne peut avoir lieu qu'après paiement du droit du timbre de connaissement; le timbre de 1 fr. 2/10 ou de 2 fr. 2/10, suivant le cas et l'estampille de contrôle, sont appliqués sur les permis et oblitérés au moyen de la griffe officielle.

Restants de provis. de bord et de tabac.

Les permis levés pour les restants de provisions de bord mis à la consommation, dans les entrepôts ou expédiés en transit, sont soumis à la formalité du timbre de connaissement. Il n'y a d'exceptions que pour les provisions avariées impropres à la consommation.

Les permis pour les tabacs (restant de provisions) débarqués par ordre de la Douane et mis dans ses entrepôts ne sont pas assujettis au droit du timbre de connaissement, quand ces tabacs sont repris par le même navire lors de son expédition. La mention suivante est portée en tête du permis par l'employé du timbre : *Bon à opérer sans timbre de connaissement si ces tabacs sont repris par le même navire* ; mais ils sont soumis à l'impôt s'ils sont livrés à la consommation, laissés en entrepôt ou expédiés en transit. (Décision de M. l'Inspecteur sédentaire des Douanes.)

En cas de transbordement pour l'étranger, (voir art. transbordement.)

Balayures de toutes sortes.

Les permis levés pour les enlèvements de petites quantités de balayures de blé, de café, de sucre, etc.: sont exempts du timbre de connaissement. (Décision de M. l'Inspecteur sédentaire des Douanes). En tête des permis, l'employé du timbre inscrit la mention : *Bon à opérer sans timbre de connaissement s'il s'agit réellement de balayures.*

Vieux cordages et vieilles voiles. Les déclarations pour le débarquement des vieux cordages et des vieilles voiles non manifestés ou provenant de divers navires et des résidus de graisse des machines de bateaux à vapeur, sont soumises à la formalité du timbre de connaissement dès que le poids, déclaré ou reconnu, atteint quatre cents kilos. (Décision de M. l'Inspecteur sédentaire des Douanes.)

L'employé du timbre a soin de porter en tête des permis pour les quantités inférieures à 400 kilos la mention : *Bon à opérer sans timbre de connaissement si le poids reconnu n'atteint pas* 400 *kilos.*

Fardages des navires, Les fardages des navires sont le plus souvent portés sur les connaissements de la marchandise importée et font presque toujours partie de la cargaison.

Lorsque le permis présenté pour le débarquement de ces fardages est fait par le même déclarant que celui de la marchandise, il y a lieu de l'affranchir du droit du timbre de connaissement.

Dans le cas contraire, la perception de l'impôt doit être opérée, par l'apposition, sur le permis, du timbre et de l'estampille de contrôle oblitérés par le service.

Doublages des navires. Les permis présentés pour l'enlèvement des vieilles feuilles de zinc ou de cuivre, ayant servi au doublage des navires, doivent être affranchis du timbre de connaissement quand elles proviennent de réparations effectuées dans le port. (Décision de M. l'Inspecteur sédentaire des Douanes.)

Permis de dépôt d'office. Après un laps de temps déterminé, quand des marchandises ne sont pas enlevées par les consignataires, pour une cause quelconque, il est créé, par la Douane des permis de *dépôt d'office*, pour la décharge des manifestes ; ces permis doivent mentionner si le droit du timbre est ou n'est pas dû. Le dépôt constitué, l'employé du contentieux annote son sommier en conséquence.

Les permis de sortie de dépôt des marchandises, pour lesquelles le droit est dû, sont adressés au bureau du timbre où la perception de l'impôt s'opère dans la règle ordinaire.

Les permis de marchandises non manifestées, saisies et remises après transaction aux prévenus, doivent être soumis à la formalité du timbre de connaissement. (Décision de M. le Directeur de l'Enregistrement à Marseille.)

Marchandises saisies.

Les Compagnies de bateaux à vapeur reçoivent de leurs agences à l'étranger, des groups et des pièces de comptabilité appartenant à leur administration et accompagnés de connaissements établis par les chefs d'agences. Ces groups et ces pièces de comptabilité doivent être régulièrement portés aux manifestes comme les groups des particuliers ; les connaissements y relatifs sont représentés en même temps que les connaissements de la cargaison et soumis à la formalité du timbre.

Groups et pièces de comptabilité des Cies de bateaux à vapeur.

CONNAISSEMENTS COLLECTIFS

Quelques agents de Compagnies de bateaux à vapeur, afin de se soustraire à la perception de l'impôt du timbre de sortie, établi à l'étranger, réunissent, en un seul, plusieurs connaissements-chefs de marchandises appartenant à divers destinataires d'un même port de

France. Ce sont ces connaissements collectifs qui servent à établir les manifestes et sont ensuite présentés et soumis à la formalité du timbre.

Les chargeurs, de leur côté, adressent aux consignataires respectifs en France, des connaissements identiques à ceux remis aux agences.

C'est au moyen de ces connaissements partiels que les destinataires établissent les permis pour la décharge des manifestes et l'enlèvement de la marchandise.

Les connaissements des capitaines se trouvent ainsi scindés ; il y a lieu dès lors, de percevoir autant de timbres qu'il y a de connaissements partiels adressés aux différents consignataires, sans tenir compte des estampilles de contrôle des timbres des connaissements-chefs collectifs qui ne peuvent être octroyées à aucun de ces consignataires, attendu qu'aux termes de la loi, pour qu'un connaissement de consignataire puisse profiter de l'estampille de contrôle, il faut qu'il soit, en tous points, identique à celui du capitaine.

Dès que l'employé chargé de la décharge des manifestes s'aperçoit, par la remise des déclarations, qu'un connaissement-chef est collectif, il doit faire parvenir ces déclarations au fur et à mesure au bureau du Timbre.

Avant la remise des permis aux déclarants, l'employé du Timbre se fait représenter les connaissements qui sont revêtus du timbre et de l'estampille de contrôle, oblitérés au moyen de la griffe officielle.

Dans le cas où un consignataire ne représenterait pas de connaissement, il y aurait lieu d'appliquer sur le permis autant de timbres et d'estampilles qu'il existerait de marques ou d'adresses différentes sur la déclaration. (Décision de M. le Directeur général de l'Enregistrement du 31 janvier 1874 , 3me division , 2me bureau.)

PERMIS D'URGENCE

A l'arrivée des vapeurs et souvent même avant la remise des manifestes, il est délivré des permis d'urgence pour le débarquement des fruits frais, des légumes verts, du poisson, du beurre, etc. etc. Quand le consignataire de la marchandise ne présente pas, à moment de l'opération, son connaissement avec l'estampille de contrôle oblitérée *par lui,* le service de la visite exige que le permis soit revêtu du timbre et de l'estampille oblitérés au moyen de la griffe R D.

Mais, il arrive assez souvent que ces marchandises enlevées d'urgence ne sont pas manifestées ou qu'elles font partie de connaissements-chefs collectifs ; dans ce cas, c'est illégalement que les connaissements des consignataires sont revêtus d'estampilles de contrôle. Le service, cependant, n'étant pas encore en possession des manifestes, ne peut évidemment pas s'assurer du droit du déclarant à l'estampille ; les intérêts du Trésor sembleraient dès lors compromis ; mais, comme les compagnies ou les courtiers maritimes, en remettant les estampilles aux consignataires des marchandises perçoivent toujours le coût du timbre, alors même que les connaissements-chefs n'ont pas encore été soumis à la formalité du timbre, ils en deviennent conséquemment responsables vis-à-vis de la Douane.

A la révision des manifestes au bureau du Timbre, les permis pour lesquels le droit de connaissement est dû, sont relevés avec soin ; il est adressé mensuellement à chaque compagnie, un état (voir le modèle) détaillé des permis qui la concernent et de la somme totale à payer.

Le versement du montant est opéré à la caisse du timbre ; reçu en est donné sur l'état même qui reste

DOUANES

RELEVÉ DES PERMIS sur lesquels il a été appliqué le timbre mobile de connaissement.

NUMÉROS des MANIFESTES	NUMÉROS et Nature DES PERMIS	DATES des MANIFESTES	NOMS des NAVIRES	NOMS des DÉCLARANTS	NATURE DES COLIS	COUT du TIMBRE
					TOTAL.	

Reçu de M. . . . . la somme de. . . . . *(en toutes lettres).*

A   le   187

Le   des Douanes.

entre les mains des intéressés. Les permis sont immédiatement inscrits au registre d'ordre, puis revêtus des numéros de recette et du timbre et de l'estampille de contrôle, oblitérés au moyen de la griffe officielle. (Décision de M. l'Inspecteur sédentaire des Douanes.)

Le transport des paniers, caisses et autres emballages, ainsi que des échantillons sans valeur, constitue une partie de chargement; étant difficile, d'ailleurs, d'apprécier les cas dans lesquels les échantillons doivent être considérés comme n'ayant aucune valeur, la production de connaissement devra être exigée tant à l'entrée qu'à la sortie pour tous les colis de l'espèce. (Décision administrative du 21 août 1872.)

Emballages et échantillons.

MARCHANDISES MANIFESTÉES EN TRANSBORDEMENT POUR L'ÉTRANGER

Les connaissements, créés à l'étranger pour des marchandises manifestées primitivement en transbordement pour l'étranger, doivent être produits au port d'arrivée ; ils ne sont pas timbrés à 1 fr. 2/10, mais les permis de transbordement créés pour la décharge des manifestes ne sont délivrés que sur la présentation de nouveaux connaissements timbrés à 2 fr. 2/10, seuls valables pour accompagner la marchandise à la sortie du port. (Décision du Directeur général de l'Enregistrement du 20 décembre 1872.)

Ces marchandises portées à la fin des manifestes sont suivies des lettres T E indiquant que l'employé chargé de la décharge des manifestes doit faire parvenir au bureau du Timbre les permis de transbordement; celui-ci se fera produire le nouveau connaissement timbré à

2 fr. 2/10 sur lequel il mettra un visa et la mention suivante sera inscrite en tête des permis : vu le connaissement de sortie timbré à 2 fr. 2/10.

Cette mention est indispensable ; elle donne l'assurance au service de la visite, et, plus tard, à la révision
des manifestes, que les nouveaux connaissements exigés
ont bien été créés et régulièrement timbrés.

Les connaissements, créés à l'étranger avec un port
étranger pour destination, peuvent servir pour accompagner, à la sortie du port, la marchandise transbordée ;
mais ils doivent, au préalable, être revêtus d'un timbre
de 2 fr. 2/10 oblitéré par les signataires des permis
et porter les noms du nouveau navire et du capitaine.

Les permis, dans ce cas, doivent encore relater le
visa et la mention indiqués plus haut.

Marchandises manifestées en transbordement : 1º d'un
port de France de la Méditerranée pour un port de
France de la Méditerranée ou pour la Corse et
vice versâ ; d'un port de l'Océan, pour un port de l'O-
céan ou de la Manche et *vice versâ* ; 2º d'un port français
pour un port de l'Algérie et *vice versâ* ; 3º pour les colonies françaises.

Les connaissements venant de l'Etranger sont timbrés, au premier port d'arrivée, par les agents des
douanes (1). Il est ensuite créé de nouveaux connaissements qui sont timbrés pour le premier cas, à
1 fr. 2/10, et pour le deuxième et le troisième à 2 fr. 2/10 ;
ces timbres doivent être oblitérés par les signataires
des connaissements comme le prescrit la loi.

Cependant, ces connaissements créés à l'étranger (2)

(1) Ceux émanant des ports français doivent arriver revêtus déjà du timbre
exigé pour l'accompagnement des marchandises au port où doit s'effectuer le
transbordement.

(2) Et ceux provenant des ports français.

peuvent servir pour accompagner, à leur destination, les marchandises transbordées, à condition qu'il y soit apposé au verso, et suivant le cas, le timbre de 1 fr. 2/10 ou de 2 fr. 2/10 ; les signataires des permis oblitèrent régulièrement les timbres auprès desquels doivent figurer les noms du nouveau navire et du capitaine. (Décision de M. le Directeur de l'Enregistrement àMarseille.)

Les marchandises manifestées en plus, et les provisions de bord pour lesquelles il est levé des permis de transbordement étranger, suivent la règle établie pour les marchandises manifestées primitivement en transbordement pour l'étranger. (Décision de M. le Directeur de l'Enregistrement, des Domaines et du Timbre à Marseille.)

Marchandises manifestées en plus. Provisions de bord.

Si des marchandises manifestées en transbordement pour l'étranger étaient mises à la consommation, en entrepôts ou étaient expédiées en transit, les connaissements y relatifs devraient être produits en même temps que les permis et soumis à la formalité du timbre.

Connaissements de marchandises manifestés en continuation de voyage :

Marchandises en continuation de voyage.

1° Pour un port étranger;

Ces connaissements doivent être produits aux agents des Douanes, quoique non soumis à la formalité du timbre de connaissement.

2° Pour un port quelconque de France, de Corse, de l'Algérie ou des Colonies françaises;

Aux termes de la loi rappelée par la circulaire administrative du 21 août 1872, les connaissements doivent être, en même temps que les manifestes, présentés et soumis à la formalité du timbre au premier port d'arrivée.

En conséquence, les connaissements sont revêtus du timbre de 1 fr. 2/10 ; un nombre égal d'estampilles est remis au capitaine pour être distribué aux différents consignataires au port de destination.

Marchandises portées aux provisions de bord : restants de provisions de bord et de tabac.

Les marchandises manifestées aux provisions de bord et les provisions de bord et de tabac d'un navire, pour lesquelles il est levé des permis de transbordement étranger destinés à les comprendre aux provisions d'un autre navire, ne sont pas assujettis au droit de timbre d'entrée ; mais, il est perçu le droit de timbre de sortie, par l'apposition sur les permis du timbre de 2 fr 2/10 et de son estampille oblitérés par le service. (Décision de M. l'Inspecteur sédentaire des Douanes.)

Provisions prises dans les entrepôts des Douanes.

Les marchandises prises dans les entrepôts des Douanes et embarquées comme provisions de bord sont assujetties au droit de timbre de connaissement de sortie ; le timbre de 2 fr. 2/10 et l'estampille sont appliqués sur les permis par les agents des douanes. (Décision de M. l'Inspecteur sédentaire des Douanes.)

NAVIRES EN RELACHE

Les capitaines des navires en relâche venant d'un port étranger et à destination d'un port étranger ne sont pas soumis à la présentation des connaissements timbrés au bureau du timbre des connaissements. (Décision de M. le Directeur général de l'Enregistrement du 20 décembre 1872.)

Mais, aux termes de la loi et de la circulaire de l'administration en date du 21 août 1872, les capitaines des navires en relâche, venant de l'étranger, avec desti-

nation d'un port français, sont tenus de remettre, en
même temps que les manifestes, les connaissements des
marchandises composant la cargaison ; ils sont soumis à
la formalité du timbre et les estampilles de contrôle
sont remises aux capitaines chargés de les faire parvenir aux consignataires.

CABOTAGE

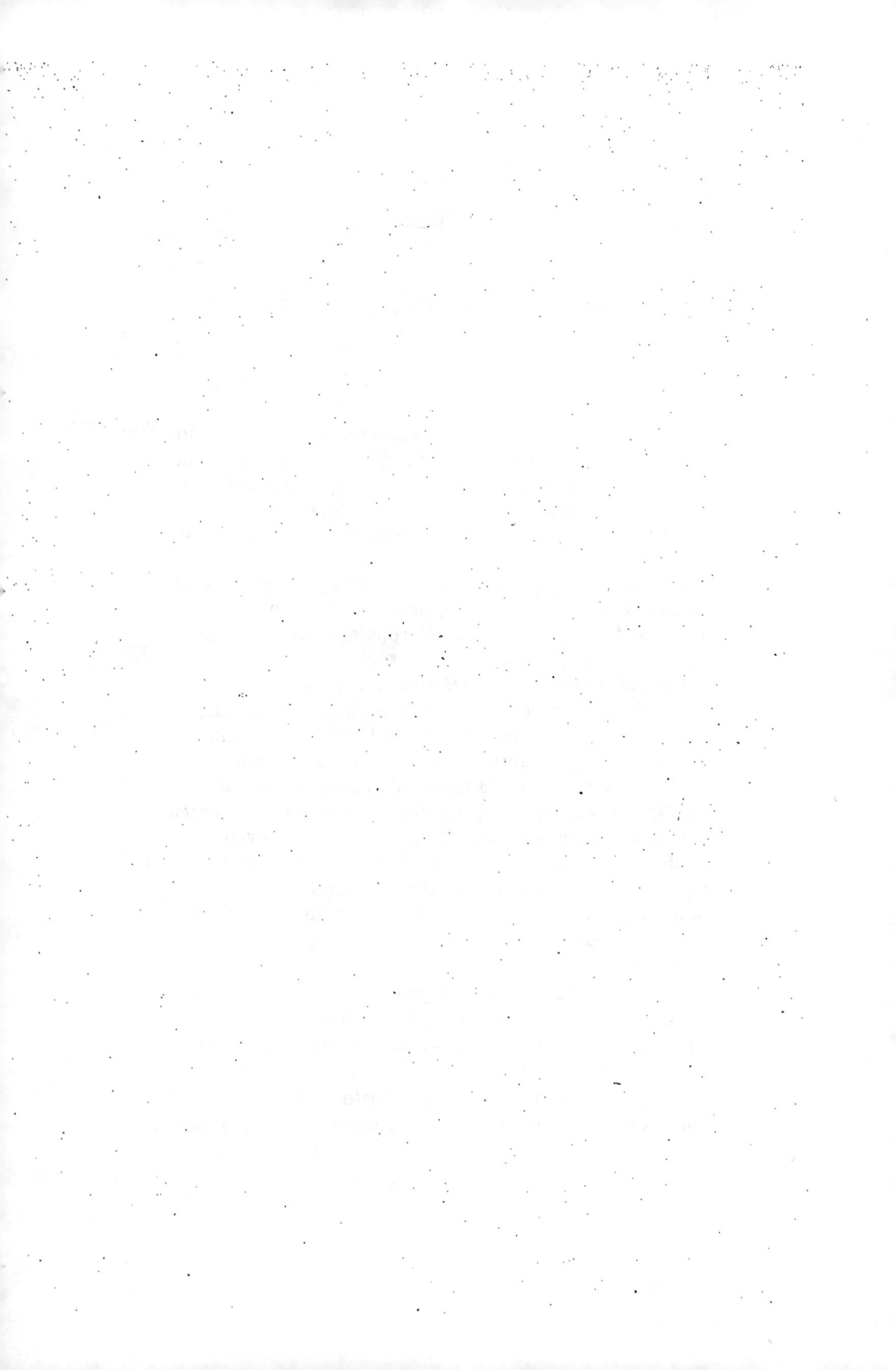

CABOTAGE

La navigation, dans la Méditerranée, d'un port de France à un autre port de France, et d'un port de la Métropole à un port de la Corse, et *vice versâ*, et celle s'effectuant entre les ports de la Manche et de l'Océan, constituent ce qu'on est convenu d'appeler le Petit Cabotage.

Les navires *espagnols* assimilés par le pacte de famille aux navires français, seuls, peuvent faire le cabotage d'un port français de la Métropole à un autre port français de la Métropole.

Les bâtiments à *vapeur italiens* ont la faculté de faire le cabotage d'un port français à un autre port français de la Métropole, mais dans la Méditerranée seulement.

A l'arrivée, le capitaine ou le courtier maritime, son représentant, lors de la remise du manifeste au bureau du Timbre, est tenu de produire en même temps tous les connaissements de son chargement; ils doivent être timbrés à 1 fr. 20 c. à l'extraordinaire ou revêtus par les signataires des actes du timbre mobile de 1 fr. 2/10 *oblitéré par eux* comme le prescrit la loi; ils doivent en outre porter la mention du nombre d'originaux souscrits.

L'employé du timbre doit procéder à une vérification approfondie des connaissements et s'assurer que toutes les marchandises, figurant au manifeste, en sont accompagnées.

Il appose ensuite sur le manifeste un visa mentionnant le nombre de connaissements présentés et reconnus.

Le bureau de la navigation doit rejeter les papiers de tout navire ne portant pas ce visa.

Dans le cas où des marchandises arriveraient sans connaissement, il devrait être dressé de suite procès-verbal contre le capitaine. Le droit du timbre serait d'ailleurs perçu, par l'apposition sur les permis du timbre de 1 fr. 2/10.

Grand cabotage   La navigation s'effectuant d'un port de France ou de la Corse à un port de l'Algérie ou de l'Océan, et *vice versâ*, constitue le Grand Cabotage.

Tous les navires peuvent, sans distinction de pavillon, faire le grand cabotage entre la France et l'Algérie.

Les manifestes d'entrée sont remis au bureau du timbre ; en même temps sont représentés tous les connaissements timbrés à 2 fr. 2/10, à l'extraordinaire, ou revêtus du timbre de 2 fr. 2/10 appliqué et oblitéré par les signataires de ces actes, au moyen de la date et de la signature ou par l'apposition d'une griffe à date établie dans les conditions spécifiées. On procède d'ailleurs, pour la vérification, comme pour les navires faisant le petit cabotage.

Les marchandises non manifestées ou non accompagnées de connaissements réguliers sont passibles du droit de 2 fr. 2/10 ; le timbre et l'estampille sont appliqués sur les permis et oblitérés par le service.

Les infractions de ce genre doivent toujours être redressées par procès-verbaux, à la requête de l'administration de l'Enregistrement, des domaines et du timbre.

Connaissements supplémentaires créés en France.   L'art. V de la loi du 30 mars 1872 dit que s'il est créé plus de quatre connaissements, les connaissements supplémentaires seront soumis chacun à un droit de 50 cent.

Il est donc essentiel que le connaissement-chef, c'est-à-dire le connaissement entre les mains du capitaine, énonce le nombre d'originaux ainsi que le prescrit l'art. 1325 du Code civil.

Dans le cas où la mention prescrite par l'art. 1325 serait omise, cette omission donnerait ouverture à la perception d'un triple droit, soit 3 fr. 60 c., décimes compris, s'il s'agit d'un connaissement de petit cabotage, ou 7 fr. 20 c., s'il s'agit d'un connaissement de grand cabotage ou de long-cours.

Ces amendes sont appliquées pour le compte de l'Enregistrement; la recette est inscrite au registre de *Recette du visa pour valoir timbre et des amendes*, fourni par cette administration.

Reçu du montant de ces amendes est donné aux délinquants au verso des connaissements, dans la forme suivante : N°..... (du registre des visas pour timbre).

Loi du 30 mars 1872, art. V. Pour omission de la mention du nombre d'originaux rédigés, perçu le triple droit, trois francs soixante centimes ou sept francs vingt centimes, suivant le cas.

(Signature et griffe officielle.)

Le versement des amendes s'effectue chaque mois au bureau de l'Enregistrement. (Voir le modèle de l'Etat.)

Transports maritimes effectués le long des bras de mer et dans l'intérieur des rades.

Il ne sera pas insisté, quant à présent, sur la production de connaissements pour les transports d'une faible importance effectués, soit entre le continent et les îles du littoral, soit le long des bras de mer et dans l'intérieur des rades, dans tous les cas où les agents des Douanes *sont autorisés à ne pas exiger de manifeste.* (Décision administrative du 15 juillet 1872.)

Sels transportés par mer du lieu de production dans les magasins à Marseille de la Cie des Salins du Midi.

Les transports des sels par mer, du lieu de production dans les magasins de la Compagnie des Salins du Midi, sont assujettis au connaissement exigé par l'art. III de la loi du 30 mars 1872, alors même que ces transports soient effectués sur des chalands appartenant à ladite Compagnie et commandés par des capitaines à ses gages. (Décision du Directeur général de l'Enregistrement, du 28 décembre 1872.)

DOUANES

BUREAU DU TIMBRE
des
CONNAISSEMENTS

RELEVÉ DES AMENDES appliquées pendant le mois de   187   en vertu de l'art. V de la loi du 30 mars 1872.

CONNAISSEMENTS						TOTAL	OBSERVATIONS
DE GRAND CABOTAGE			DE PETIT CABOTAGE				
Nombre	Principal	Décimes	Nombre	Principal	Décimes		

Arrêté à la somme de. . . . . (*en toutes lettres*).

M   , le   187

Pour le Receveur Principal des Douanes ou le Receveur des Douanes,

NAVIRES VENANT DES COLONIES FRANÇAISES.

1° Où le timbre n'est pas établi. — Les connaissements sont assujettis au droit de 2 fr. 2/10.

2° Où le timbre est établi. — Les connaissements doivent arriver en France, en Corse ou en Algérie déjà revêtus du timbre spécial en usage dans ces colonies ; ils sont, en outre, passibles des suppléments de droits (principal et décimes) pour atteindre le droit en vigueur dans la Métropole.

L'impôt du timbre est actuellement régi dans les colonies françaises, ci-après, par décrets et ordonnances.

Boubon. — Arrêté du Gouverneur, du 28 vendémiaire an XII.

Algérie. — Ordonnances du 1ᵉʳ juillet 1843.

Sénégal et dépendances. — Décret du 14 août 1860.

Martinique Guadeloupe et dépendances. — Décret du 24 octobre 1860.

Le tarif est le même en Algérie et au Sénégal et ses dépendances, que dans la Métropole.

Les connaissements doivent arriver en France revêtus du timbre de 2 fr. 2/10.

S'il en était autrement, pour ceux créés en Algérie, constater la contravention,

Le service, n'étant pas sûr que nos possessions de la côte occidentale d'Afrique sont pourvues des timbres voulus, doit se contenter, quant à présent, d'en percevoir le coût entier ou le supplément suivant le cas.

A Bourbon il est resté le même que celui fixé par la loi du 13 brumaire, an VII.

Les connaissements doivent être revêtus du timbre colonial de 0,35 cent.

A la Guadeloupe et à la Martinique il a été fixé par des arrêtés des Gouverneurs.

Les connaissements créés dans ces colonies doivent arriver pourvus du timbre colonial de 0,60 cent.

Les suppléments de droits dont sont passibles les connaissements timbrés au timbre spécial des colonies de Bourbon, de la Guadeloupe et de la Martinique, pour arriver au droit de 2 fr. 2/10 en vigueur dans la Métropole, sont perçus distinctement sur chaque connaissement du capitaine au moyen du visa pour timbre.

Suppléments de droits au moyen du visa pour timbre.

La perception est inscrite au registre de recette des droits de visa pour timbre fourni par l'Enregistrement et libellée comme il suit :

Perçu de M. ..... courtier maritime, demeurant rue ..... à ..... pour le compte de M. ..... capitaine du navire ...(nationalité)... le ... nom ...

venant de............ { Bourbon.....
{ La Guadeloupe.....
{ La Martinique.....

sur ... (nombre) ... connaissements timbrés à { 0,35
{ 0,60

le complément...... { 2 fr. 05 l'un...............
{ 1 fr. 80 l'un...............

ci ... le total porté à la colonne du visa pour timbre de dimension.

Au verso de chaque connaissement est porté le numéro sous lequel a été inscrite la recette avec la mention suivante :

Nº ..... VISA POUR TIMBRE.

Perçu deux francs cinq cent. ou *un franc quatre-vingts centimes.* M...., le ... 187...

(Signature et griffe officielle.)

Le produit est versé mensuellement à l'Enregistrement selon le mode prévu par l'arrêté ministériel du 24 décembre 1842. (Instruction n° 1682.)

Le connaissement du capitaine étant seul revêtu du visa pour timbre, celui du consignataire ne porte aucune mention et ne peut-être pourvu d'aucune estampille de contrôle ; pour y suppléer, les permis délivrés doivent être annotés au bureau du timbre, comme il suit :

Connaissement-chef visé pour timbre , connaissement du consignataire exempt de l'estampille de contrôle.

(Signature.)

Si le connaissement-chef provenant d'une des colonies de Bourbon, de la Guadeloupe ou de la Martinique ne porte aucun timbre, il faut d'abord constater par procès-verbal la contravention, et, au lieu de le viser pour timbre, y appliquer le timbre mobile de 2 fr. 2/10, oblitéré au moyen de la griffe officielle, et remettre, au capitaine ou au courtier maritime, l'estampille de contrôle destinée au connaissement du consignataire. (Circulaire de la comptabilité générale, du 10 novembre 1865.)

A défaut de connaissement (ce qu'il ne faut pas laisser généraliser) les permis sont revêtus du timbre de 2 fr. 2/10 et de l'estampille de contrôle oblitérés par le service.

Les marchandises manifestées au capitaine et celles portées aux provisions de bord (sans connaissement) sont, en cas de débarquement, soumises au droit de 2 fr. 2/10 ; le timbre et l'estampille de contrôle sont appliqués sur le permis et oblitérés au moyen de la griffe R D.

COTE OCCIDENTALE D'AFRIQUE, SÉNÉGAL & SES DÉPENDANCES

Nomenclatures des provenances soumises au timbre d'entrée de 2 fr. 2/10.

Albréda — Benty — Grand Bassam — Carabane — Cazamance ou comptoir de Seghiou — Dabon — Daganna — Dakar (Gorée) — Gabon — la rivière de Mondah — Gorée (île de) — Joal — Saint-Louis — Mallecorée ou Mallacorée — Portendick — Portudal — Richard-Tôll — Rio-Nunez — Rio-Pongo — Rufisque — Saloum — Zamboya (Mellacorée) — Sénégal.

DOUANES

BUREAU DU TIMBRE
des
CONNAISSEMENTS

RELEVÉ DES VISAS pour Timbre apposés sur les Connaissements venant des Colonies françaises, pendant le mois de . . . . . . 187 , pour le compte de l'Administration de l'Enregistrement, des Domaines et du Timbre.

DROIT DU	TIMBRES EXISTANTS	VISAS COMPLÉMENTAIRES	NOMBRE	SOMMES PERÇUES	OBSERVATIONS
2.40					
		Total. . .			

Arrêté le montant des perceptions à la somme de. . . . . (*en toutes lettres*)

M , le 187

Pour le Receveur Principal des Douanes ou le Receveur des Douanes,

Les connaissements de marchandises reçues ou expédiées par la marine ou la guerre ne sont pas assujettis au droit du timbre de connaissement. (Décision du Ministre des Finances du 10 avril 1873.)

Les connaissements relatifs aux plis, dépêches et groups transportés pour le compte de l'administration des Postes, par les bateaux-courriers, sont affranchis de l'impôt.

CONCOURS DU SERVICE DE LA VISITE POUR LE CONTROLE DES CONNAISSEMENTS (ENTRÉE.)

Présentation du connaissement du consignataire. Aux termes des instructions contenues dans la circulaire administrative n° 1164, le connaissement du consignataire estampillé régulièrement sera présenté au service des Douanes au moment de la remise de la déclaration en détail.

Cette mesure n'étant pas praticable à la Douane de Marseille, à cause de la multiplicité des permis déchargés des manifestes par un employé seul, il a été arrêté, par ordre supérieur, que cette pièce serait réclamée par le service de la visite, avant vérification de la marchandise pour laquelle le commerce est tenu de présenter un permis.

Le concours du vérificateur peut être efficace, si cet employé a le soin de rapprocher le connaissement du double du manifeste entre ses mains.

Son attention devra se porter sur les numéros des articles du manifeste (chaque numéro désigne un timbre perçu.)

Conséquemment, s'il était présenté plusieurs connaissements estampillés, pour des marchandises figurant au manifeste sous un seul numéro, il y aurait lieu de verbaliser contre le déclarant. (Voir le modèle du procès-verbal à dresser.)

SORTIE

Au départ comme à l'arrivée, les connaissements de petit cabotage et de grand cabotage doivent être représentés timbrés : les premiers à 1 fr. 2/10, les autres à 2 fr.2/10; ils doivent, en outre, porter toutes les indications exigées, d'une part, par les art. 281 et 282 du Code de commerce, de l'autre, par l'art. 1325 du Code civil, rappelé à l'art. V de la loi du 30 mars 1872. *Petit cabotage, grand cabotage et long-cours. (Nav. à voiles.)*

Les courtiers maritimes ou les capitaines eux-mêmes sont tenus de présenter au bureau du timbre, à l'expédition des navires, les connaissements de toutes les marchandises embarquées et portées rigoureusement aux manifestes.

Au vu des manifestes d'accompagnement et de sortie rapprochés, le receveur s'assure si tous les colis manifestés sont accompagnés de connaissements ; si ces pièces sont régulièrement timbrées ; si les timbres sont oblitérés comme le veut la loi ; si, enfin, la mention du nombre d'originaux n'a pas été omise.

S'il est relevé des infractions, il sera dressé, suivant leur nature, procès-verbal à la requête, soit de l'administration des Douanes, soit de l'administration de l'Enregistrement, des Domaines et du Timbre.

Le manifeste ainsi contrôlé est visé, avec annotation du nombre de connaissements présentés et reconnus ; le navire peut dès lors être expédié au bureau de la navigation.

On procède de la même manière pour les navires à voile dépêchés au long-cours, assimilés, d'ailleurs, en tous points, quant aux formalités du timbre des connaissements, à ceux se livrant au grand cabotage.

Vapeurs. Dans la pratique, il a été reconnu impossible, sans causer de grands préjudices au commerce, d'exiger, à l'expédition des vapeurs, la présentation des connaissements au bureau du timbre. Les steamers, en effet, ne font d'habitude que de très courtes escales dans nos ports ; les opérations se succèdent avec une grande rapidité et les capitaines signent les connaissements au fur et à mesure de l'embarquement des marchandises qui s'opère, encore le plus souvent, quelques instants avant la sortie du port du navire, voire même après la fermeture des bureaux. Le service ne saurait donc, sans apporter un grand retard au départ du navire, exiger la présentation, comme pour les bâtiments voiliers, des connaissements de sortie des vapeurs au bureau du timbre.

En conséquence, il a été arrêté que le contrôle des connaissements de sortie serait fait par le service maritime de la Douane sous la surveillance d'un officier du service actif.

Il est réservé à l'employé chargé du service du timbre de procéder, de temps en temps, de concert avec le service maritime, et afin de l'initier à tous les détails de ce contrôle, à des vérifications approfondies sur les connaissements de sortie.

Ces contrôles répétés engageront certainement les chargeurs et les capitaines à se conformer aux vœux de la loi du 30 mars 1872.

TIMBRE DE 10 CENTIMES

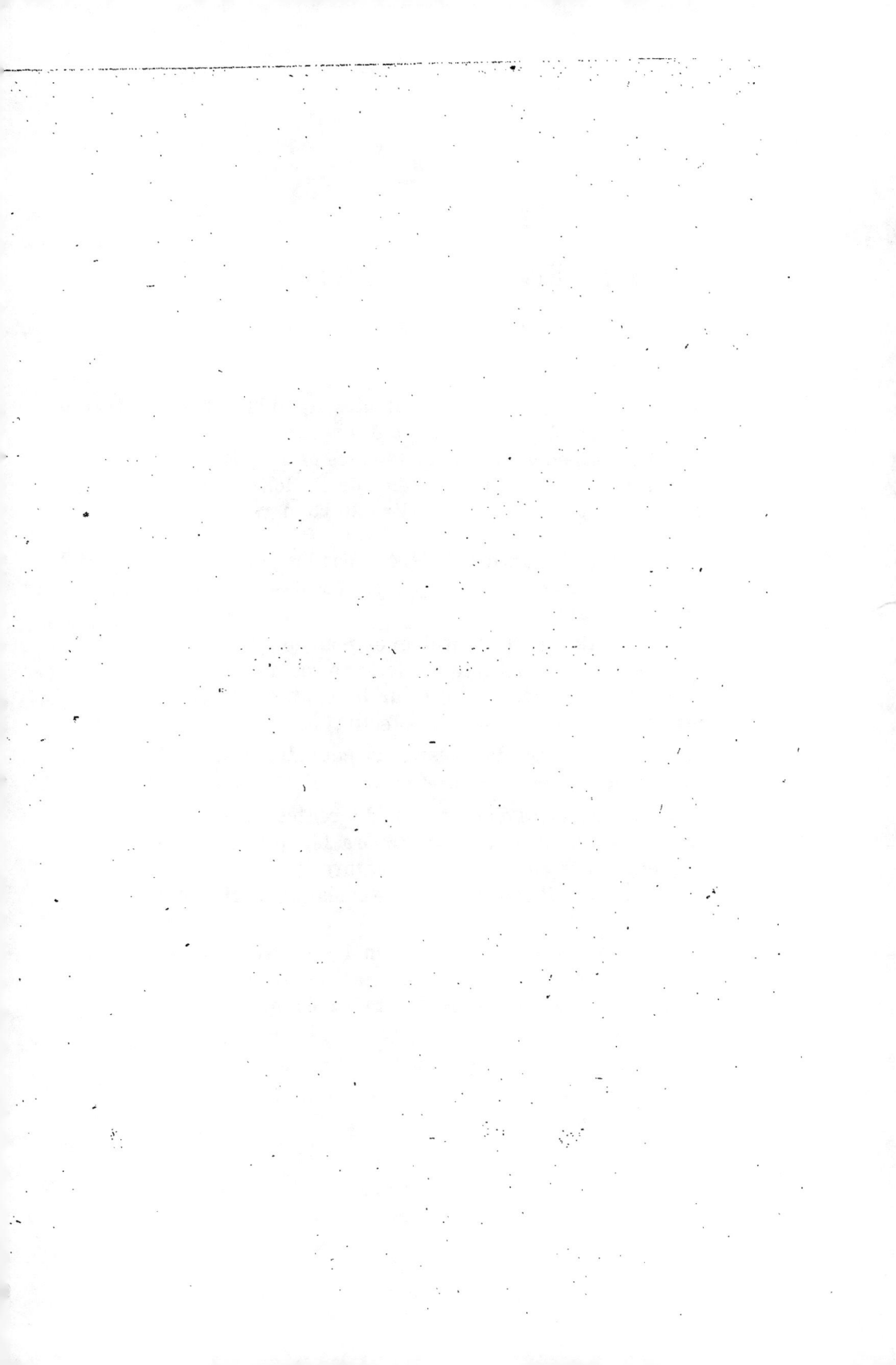

TIMBRE DE 10 CENTIMES

Le timbre de dix centimes doit être appliqué sur les souches des acquits-à-caution et des acquits de transbordement, et, en général, sur tous les permis donnant lieu à décharge, au moment même de la délivrance de ces acquits. (Lettre administrative du 23 mars 1875.)

Douanes.

1° Quittances à souches délivrées par les percepteurs aux contribuables, de même que les récépissés des receveurs ou percepteurs ;

Seules quittances exemptes du droit de 10 centimes.

2° Les quittances pour retenues pour le service des pensions civiles ou militaires, lorsque ces retenues ne sont qu'un prélèvement opéré sur les traitements et ne constituent pas un versement effectif ;

3° Les récépissés de versement pour trousseaux et pensions des élèves de Saint-Cyr et de l'Ecole navale ;

4° Les quittances d'arrérages, de rentes sur l'Etat. Néanmoins *sont assujetties du timbre*, les quittances de paiement *des pensions* de toute nature, y compris les rentes viagères d'ancienne origine et les rentes viagères de la vieillesse ;

5° Les quittances de souscription ou de versements ultérieurs aux emprunts de l'Etat, et les récépissés ou acquits donnés en remboursement d'excédants ;

6° Les quittances d'indemnités payées aux victimes de la guerre. (Art. 46 de la loi du 13 brumaire an VII ;)

7° Les mandats sur le caissier central du Trésor et les bons du Trésor ;

5

8° Les récépissés de fonds placés au Trésor par les communes et les établissements publics, et les quittances données pour le retrait de ces fonds ;

9° Les récépissés de fonds appartenant aux corps de troupes, les mandats de solde ou d'indemnité de route des sous-officiers et soldats ;

10° Les quittances à souche délivrées par les percepteurs pour le prix des formules de permis de chasse. En cas de refus du permis, la quittance de remboursement est soumise au timbre de 10 centimes.

Dans tous autres cas, en exécution de la loi du 23 août 1871, le timbre de dix centimes doit être appliqué sur les quittances dont la somme *dépasse* dix francs et généralement sur tous les titres de quelque nature qu'ils soient, signés ou non signés, qui emportent libération, reçu ou décharge.

TIMBRE DE DIMENSION
de 60 centimes.

TIMBRE DE DIMENSION.

Les extraits de soumission d'admission temporaire sont présentés au service, lors de l'exportation des articles fabriqués, avec un certificat constatant que lesdits articles sortent de telle usine française, et parfois, avec des états détaillés donnant les marques et les numéros des objets.

Admission
temporaire
—
Certificats.
—
Paris
20 décembre
1873.

Les états détaillés qui ne sont que de simples relevés destinés à faciliter la vérification ne peuvent et ne doivent pas être soumis au timbre de dimension.

Mais les certificats ou bordereaux sur lesquels le fabricant atteste que les ouvrages proviennent de ces ateliers sont, quelle que soit leur forme, passibles aux termes de l'art. 12 de la loi du 13 brumaire an VII, du timbre de dimension.

Ce sont, en effet, des pièces produites pour justification et décharge.

Les certificats d'origine, délivrés par les consuls ou les agents consulaires français pour établir que tels ou tels produits sont bien du crû du pays d'où ils sont exportés, sont passibles, à leur arrivée en France, du timbre de dimension.

Certificats
d'origine.

No a. — Les certificats établis sur un format dépassant celui de la feuille de 0, 60 centimes rentrent dans la deuxième catégorie.

Ceux qui, par leurs dimensions, sortent de la deuxième catégorie passent dans la troisième,

(Voir ci-après les dimensions des trois catégories de feuilles de papier timbré vendues par l'Enregistrement.)

DIMENSIONS DES DIFFÉRENTES FEUILLES DE PAPIER TIMBRÉ VENDUES PAR L'ENREGISTREMENT.

PREMIÈRE CATÉGORIE

Feuille simple de.... 0 fr. 60 cent.

Longueur..... 0ᵐ 250. — Largeur..... 0ᵐ 175

DEUXIÈME CATÉGORIE

Feuille double de.... 1 fr. 20 cent.

Longueur..... }mêmes dimensions que la feuille simple de. .. 0 fr. 60 c.
Largeur.....

TROISIÈME CATÉGORIE

Feuille double de.... 2 fr. 40 cent.

Longueur..... 0ᵐ 355. — Largeur..... 0ᵐ 250

Timbre de dimension Les demandes habituellement désignées sous le nom de déclarations provisoires, présentées par le commerce pour obtenir l'autorisation d'examiner, avant déclaration, les marchandises importées de l'Etranger, doivent être libellées sur les formules en usage pour les déclarations définitives et soumises au visa du chef local. Elles sont, comme ces dernières, exemptes du timbre de dimension.

(Décision administrative du 13 janvier 1876).

MODÈLES DE PROCÈS-VERBAUX

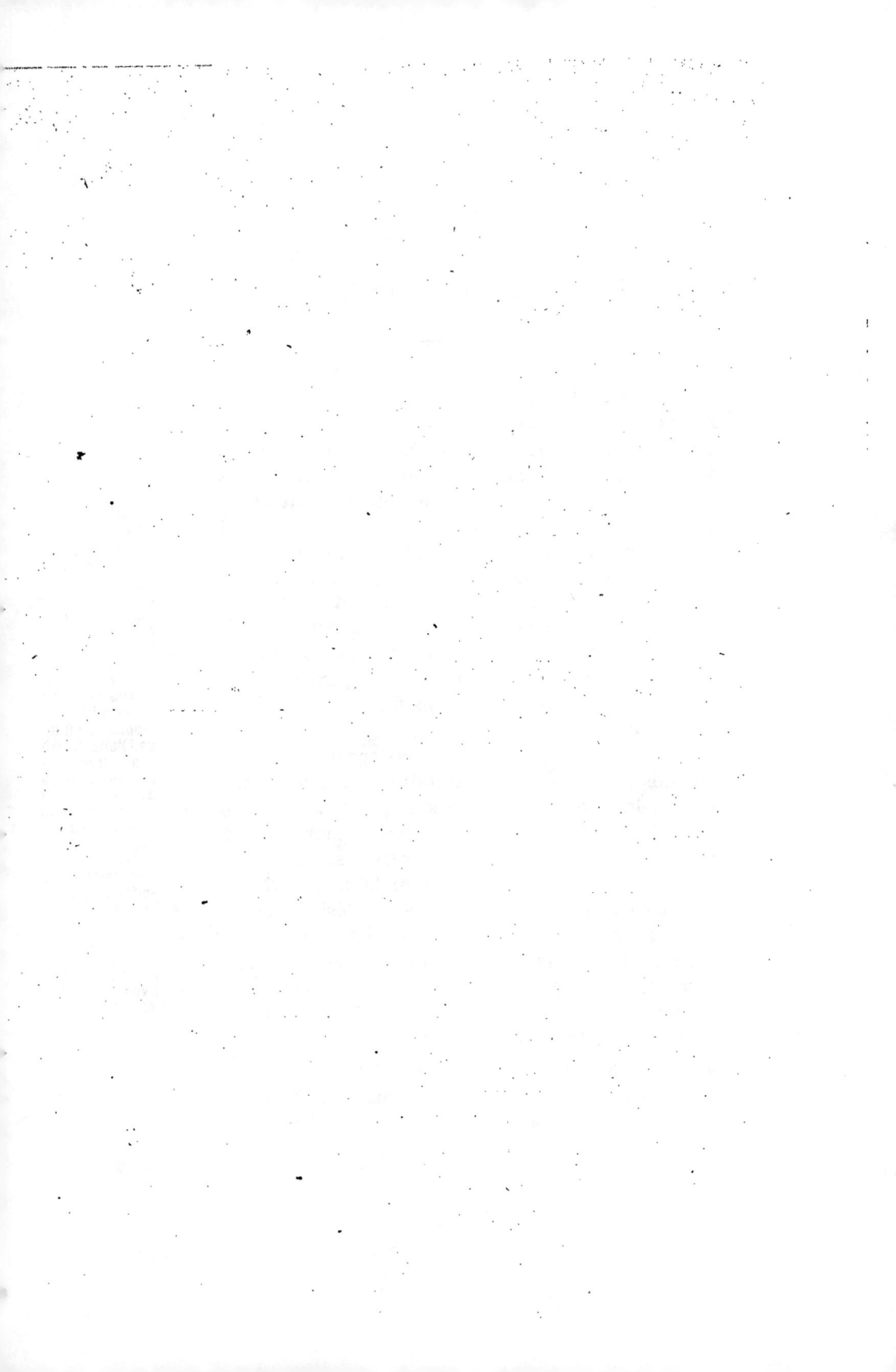

REFUS D'EXHIBITION DE CONNAISSEMENTS.

———

L'an mil huit cent soixante-....., le ....., à la requête de l'administration des Douanes, dont le bureau central est à Paris, Hôtel du Ministère des Finances, laquelle fait élection de domicile au bureau de M. ....., receveur principal ou receveur des Douanes à ....., y demeurant, rue ....., n° ....., chargé des poursuites aux fins du présent, nous, soussignés ..... noms, prénoms et grades, à ....., certifions que cejourd'hui, à ..... heures avant ou après-midi, M. ....., employé chez M. ....., courtier maritime, rue ....., n° ....., nous a présenté le manifeste d'entrée du navire ....., venu de ....., avec un chargement de ....., à destination de ....., à MM. ..... ou à ordre.

Sur notre sommation de nous représenter le ou les connaissements dont le capitaine doit être muni à son entrée dans les eaux françaises, pour être ensuite soumis à la formalité du timbre, ledit sieur ..... nous a déclaré que le capitaine n'en avait pas.

Vu la contravention à la loi du 30 mars 1872, art. 6, nous avons déclaré au capitaine sus-désigné, en parlant au commis courtier dénommé plus haut, procès-verbal, avec invitation de nous suivre par devers M. ....., receveur principal ou receveur des Douanes, en son bureau, sis à ....., rue ....., n° ....., où il demeure, pour assister à la rédaction de notre rapport, en entendre la lecture et en recevoir copie.

Et pour procéder aux fins du présent rédigé de suite, citons le prévenu sus-désigné à comparaître demain, le

(note marginale :) Ou que nous, soussignés....... .... officiers et matelots des Douanes étant montés à bord du navire .... cejourd'hui à... heures avant ou après-midi, au moment où il levait l'ancre, ou à son entrée dans le port, nous avons sommé le capit° de nous montrer les connaissem^ts dont il devait être en possession; sur son refus nous lui avons déclaré procès – verbal pour contravention à la loi du 30 mars 1872 avec invitation de nous suivre etc., etc.

..... du courant, à .... heures avant ou après-midi, par devant le juge de paix du canton, au lieu ordinaire de ses séances, pour s'ouïr condamner à l'amende de 100 à 600 fr., décimes en sus, ainsi qu'aux dépens et autres peines, s'il y a lieu, le tout conformément à la loi précitée.

Nous n'avons pu donner lecture du présent au prévenu, nous n'avons pu lui en remettre copie, attendu son absence. Nous avons immédiatement affiché copie à la porte extérieure du bureau, pour lui servir de notification et citation.

Fait et clos au bureau des Douanes, les jour, mois et an que dessus, à ..... heures avant ou après-midi et avons avons signé chacun pour ce qui le concerne.

(Signatures.)

L'an mil huit cent soixante-..... , le ..... , à ..... heures avant ou après-midi, par devant nous, juge de paix du canton de ..... , sont comparus les sieurs..... noms, prénoms et grades ..... , à ..... , y demeurant, lesquels après lecture à eux donnée du présent procès-verbal, ci-dessus et d'autre part, l'ont affirmé sincère et véritable dans tout son contenu. En foi de quoi nous avons dressé le présent acte qu'ils ont signé avec nous après lecture.

(Signatures.)

Enregistré à ..... , le ..... c° ... f°... reçu .....

Nota.— L'original ainsi que la copie destinée à être affichée à la porte du bureau doivent être faits sur papier timbré. Deux autres copies sur papier libre sont établies pour la recette principale.

Après l'accomplissement des formalités de l'affirmation et de l'enregistrement, le tout est remis au contentieux.

L'affirmation doit avoir lieu dans les 24 heures.

Les avances de fonds pour achat du papier timbré et enregistrement sont remboursées au contentieux au moment de la remise du procès-verbal.

CONNAISSEMENT IRRÉGULIÈREMENT TIMBRÉ.

L'an mil huit cent soixante-..... et le ....., à la requête de l'administration de l'Enregistrement, des Domaines et du Timbre, dont le bureau central est à Paris, Hôtel du Ministère des Finances, Palais du Louvre, pavillon Colbert, poursuites et diligences de M. ....., directeur de cette administration au département de ....., demeurant à ....., rue ....., n°....., où il est fait élection de domicile pour les suites du présent ; nous, soussignés ..... noms, prénoms et grades ....., résidant en cette ville, dûment commissionnés et ayant serment en justice, agissant en vertu de la loi du 30 mars 1872, certifions que cejourd'hui ....., à .... heures avant ou après-midi, le sieur ....., employé chez M. ....., courtier maritime, à ....., rue....., n° ...., nous a présenté, pour la mise en déclaration du navire ....., capitaine ....., à son arrivée de..... (ou nous a présenté pour l'expédition du navire .....) le manifeste accompagné des connaissements de la cargaison, dont un daté de....., le..... 187., libellé comme suit :

Il a été chargé, etc.

LE CHARGEUR,
signé :

LE CAPITAINE,
signé :

Nous, soussignés .... (*prénoms et noms*) officiers et matelots des Douanes, résidant en cette ville, dûment commissionnés et ayant serment en justice, agissant en vertu de la loi du 30 mars 1872.

Certifions que cejourd'hui...... à... heures avant ou après-midi, étant montés à bord du navire...

....
au moment où il levait l'ancre ou à son entrée dans le port, nous avons sommé le capitaine de nous montrer les connaissements de la cargaison dont un etc., etc.

Ce connaissement n'étant revêtu que du timbre de
..... au lieu de ....., ainsi que le prescrit l'art. 3 de
la loi précitée, se trouve en contravention à l'art. 6 de
ladite loi, qui punit d'une amende individuelle de 50 fr.
en principal, décimes en sus : 1° le capitaine M.....;
2° le chargeur M. .....; 3° l'armateur ou l'expéditeur
du navire, M. .....

Et de fait, nous avons saisi ce connaissement ci-
annexé, que nous avons signé *ne varietur* et rapporté
le présent procès-verbal, à l'effet de contraindre les
contrevenants sus-dénommés et qualifiés au paiement
des amendes encourues sous toutes réserves de droit et
notamment des frais nécessaires pour parvenir à l'exécution du présent, que nous avons dressé en notre
bureau des Douanes, sis rue ....., n° ....., à .....,
les jour, mois et an que dessus, à ..... heures avant
ou après-midi.

(*Signatures.*)

Enregistré le ..... 187., à ....., f ..... c ....,
reçu 3 fr. 75 c.

LE RECEVEUR,

Nota.— L'original est établi sur papier timbré.

Deux copies sont faites sur papier libre, pour la
Recette principale des Douanes.

L'original est remis au Receveur de l'Enregistrement,
qui rembourse le coût du papier timbré et le droit d'enregistrement avancés par les verbalisants.

Lorsque les pièces en contravention sont saisies, elles
doivent être jointes à l'original; l'affirmation dans ce
cas devient inutile.

TIMBRE IRRÉGULIÈREMENT OBLITÉRÉ OU NON OBLITÉRÉ.

L'an mil huit cent soixante-..... et le ....., à la requête de l'administration de l'Enregistrement, des Domaines et du Timbre, dont le bureau central est à Paris, Hôtel du Ministère des Finances, pavillon Colbert; poursuites et diligences de M. ....., directeur de cette administration au département de ....., demeurant à ....., rue ....., n° ....., où il est fait élection de domicile pour les suites du présent.

Nous, soussignés ..... noms, prénoms et grades .... résidant en cette ville, dûment commissionnés et ayant serment en justice, agissant en vertu de la loi du 30 mars 1872; certifions que cejourd'hui....., à ..... heures avant ou après-midi, le sieur ....., employé chez M. ....., courtier maritime, à ....., rue ....., n° ....., nous a présenté pour la mise en déclaration du navire ....., capitaine ....., à son arrivée de ..... (ou nous a présenté pour l'expédition du navire .....), le manifeste accompagné des connaissements de la cargaison, dont un daté de ....., le ..... 187., libellé comme suit :

« Il a été chargé, etc.....

LE CHARGEUR,   LE CAPITAINE,

signé :   *signé :*

Ce connaissement est revêtu du timbre réglementaire de ..... (le coût), prescrit par l'art. 3 de la loi précitée; mais il est irrégulièrement oblitéré..... ou il n'est pas oblitéré ....., contravention prévue par la loi du 11 juin 1859, art. 19 et 20 et celle du 30 mars 1872, art. 7, qui punissent d'une amende de 50 francs en principal , décimes en sus , le chargeur contrevenant M. .....

Et de fait , nous avons saisi ce connaissement ci-annexé , que nous avons signé *ne varietur* et rapporté le présent procès-verbal , à l'effet de contraindre le contrevenant sus-dénommé et qualifié au paiement de l'amende encourue , sous toutes réserves de droit et notamment des frais nécessaires pour parvenir à l'exé-cution du présent que nous avons dressé en notre bureau des Douanes , sis rue ..... , n° ..... , à ..... , les jour , mois et an que dessus , à ..... heures avant ou après-midi.

(*Signatures.*)

Enregistré à ..... , le ..... 187. , f. ..... c° ..... , recu 3 fr. 75 c.

LE RECEVEUR ,

Nota.— S'il y a plusieurs connaissements saisis rédi-gés par un même chargeur , ne faire qu'un seul procès-verbal ; donc autant de chargeurs , autant de rapports.

CONNAISSEMENT NON TIMBRÉ

L'an mil huit cent soixante- ..... et le ..... , à la requête de l'administration de l'Enregistrement , des Domaines et du Timbre , dont le bureau central est à Paris , Hôtel du Ministère des Finances , Palais du Louvre , pavillon Colbert , poursuites et diligences de M. ..... , directeur de cette administration , au dépar-tement de ..... , demeurant à ..... , rue ..... , n°..., où il est fait élection de domicile pour les suites du présent :

Nous , soussignés ....., noms ..... prénoms et qualités ....., résidant en cette ville, dûment commissionnés et ayant serment en justice , agissant en vertu de la loi du 30 mars 1872 ; certifions que cejourd'hui ....., à ..... heures avant ou après-midi , le sieur ....., employé chez M. ....., courtier maritime, à ....., rue ....., n° ....., nous a présenté , pour la mise en déclaration du navire ....., capitaine ....., à son arrivée de ..... (ou nous a présenté pour l'expédition du navire .....), le manifeste accompagné des connaissements de la cargaison , dont un daté de ...... le ..... 187....., libellé comme suit :

Il a été chargé , etc.

LE CHARGEUR,   LE CAPITAINE,
   signé :   *signé :*

Ce connaissement n'est pas revêtu du timbre réglementaire de ..... (le coût) , ou n'est revêtu que de l'estampille du contrôle au lieu du timbre réglementaire de ....., contravention prévue par l'art. 6 de la loi du 30 mars 1872, qui punit d'une amende individuelle de 50 francs en principal , décimes en sus : 1° le capitaine, M. ..... ; 2° le chargeur , M. ..... ; 3· l'armateur ou l'expéditeur du navire , M. .....

Et de fait, nous avons saisi ce connaissement ci-annexé, que nous avons signé *ne varietur* et rapporté le présent procès-verbal , à l'effet de contraindre les contrevenants sus-dénommés et qualifiés au paiement des amendes encourues, sous toutes réserves de droit et notamment des frais nécessaires pour parvenir à l'exécution du présent, que nous avons dressé en notre bureau des Douanes, sis rue ....., n° ....., à ....., les jour, mois et an que dessus, à ..... heures avant ou après-midi.

(Signatures.)

Enregistré à ....., le ..... 187., f. ..... c· ....., reçu 3 fr. 75 c.

Le Receveur,

CONNAISSEMENT REVÊTU D'UN TIMBRE AYANT DÉJA SERVI

DOUBLE CONTRAVENTION :

1° Procès-verbal pour timbre ayant déjà servi ; loi du 11 juin 1859 , art. 21. Requête du ministère public.

2° Connaissement considéré comme non timbré ; loi du 30 mars 1872 , art. 6. .

Procès-verbal à la requête de l'administration de l'Enregistrement , des Domaines et du Timbre.

Ci-après les modèles.

TIMBRE AYANT DÉJA SERVI.

MINISTÈRE PUBLIC.

L'an mil huit cent soixante-..... et à la requête du Directeur général de l'Enregistrement, des Domaines et du Timbre, Hôtel du Ministère des Finances, Palais du Louvre, pavillon Colbert, à Paris, représenté à ....., par M. ....., Directeur de cette administration au département de ....., poursuites et diligences de M. le Procureur de la République, en son Tribunal, à ....., pour les suites du présent.

Nous, soussignés.... noms, prénoms et grades ....., à ....., y résidant, dûment commissionnés et ayant serment en justice, agissant en vertu de la loi du 30 mars 1872, certifions que cejourd'hui....., le sieur...., employé chez M....., courtier maritime, rue ....., n° ....., à ....., nous a présenté, pour l'expédition du navire ....., ou pour la mise en déclaration du navire ....., capitaine ....., à son arrivée de ....., le manifeste et les connaissements au.nombre de ...., dont un daté de ....., le .... 187..., libellé comme suit :

« Il a été chargé, etc.

LE CHARGEUR,	LE CAPITAINE,
signé :	*signé :*

Ce connaissement est revêtu d'un timbre de ....., comme le prescrit la loi, mais l'examen de ce timbre nous a démontré qu'il avait déjà servi ; en effet,

. . . .

. . . .

. . . .

. . . .

contravention prévue par la loi du 11 juin 1859, art. 21,
qui punit le chargeur contrevenant d'une amende de
50 à 1000 fr., décimes compris.

Et de fait, nous avons saisi ce connaissement, que nous
avons signé *ne varietur* et rapporté le présent procès-
verbal, à l'effet de faire comparaître le contrevenant
sus-dénommé devant le Tribunal correctionnel et s'ouïr
condamner à l'amende de 50 fr. à 1000 fr., ainsi qu'aux
dépens et autres peines, s'il y a lieu, le tout conformément à la loi précitée.

(Signatures.)

L'an mil huit cent soixante....., le ....., à .....
heures avant ou après-midi, par devant nous juge de
paix du canton de ....., sont comparus les sieurs .....
noms, prénoms et grades ....., à .... , y demeurant,
lesquels, après lecture à eux donnée du présent procès-
verbal ci-dessus et d'autre part, l'ont affirmé sincère et
véritable dans tout son contenu. En foi de quoi nous
avons dressé le présent acte qu'ils ont signé avec nous,
après lecture.

(Signatures.)

Enregistré à ....., le ..... 187..

Visé pour timbre en débet... Fr. 3.75

Papier timbré.............. 1.80

TOTAL...... Fr. 5.55

Le Receveur ,

Adresser à la Recette principale des Douanes deux
copies sur papier libre.

TIMBRE AYANT DÉJA SERVI ; CONNAISSEMENT CONSIDÉRÉ COMME NON TIMBRÉ ; REQUÈTE DE L'ADMINISTRATION DE L'ENREGISTREMENT, DES DOMAINES & DU TIMBRE.

L'an mil huit cent soixante-..... et à la requête de l'administration de l'Enregistrement, des Domaines et du Timbre, dont le bureau central est à Paris, Hôtel du Ministère des Finances, Palais du Louvre, pavillon Colbert, poursuites et diligences de M. ....., directeur de cette administration, au département de ....., demeurant à ....., rue ....., n° ....., où il est fait élection de domicile pour les suites du présent ;

Nous, soussignés ....., noms, prénoms et grades ....., résidant en cette ville, dûment commissionnés et ayant serment en justice, agissant en vertu de la loi du 30 mars 1872, certifions que cejourd'hui....., à .... heures avant ou après-midi, le sieur ....., employé chez M. ....., courtier maritime à ....., rue ....., n° ....., nous a présenté, pour l'expédition du navire ....., capitaine ....., ou pour la mise en déclaration du navire ....., capitaine ....., à son arrivée de....., le manifeste et les connaissements des marchandises composant le chargement du bâtiment, dont un daté de ....., libellé comme suit :

« Il a été chargé, etc. . . . .
. . . .
. . . .
. . . .

LE CHARGEUR,   LE CAPITAINE,
    signé :   *signé :*

Ce connaissement est revêtu du timbre de....., ainsi que le veut la loi ; mais l'examen de ce timbre nous a démontré qu'il avait déjà servi ; en effet........

. . . .
. . . .
. . . .
. . . .
. . . .
. . . .

Le connaissement dont il s'agit doit donc être considéré, d'après la loi du 11 juin 1859, art. 20, comme non timbré ; contravention prévue par l'art. 6 de la loi du 30 mars 1872 et qui punit d'une amende de 50 francs en principal, décimes en sus : 1° le capitaine, M......; 2° le chargeur, M......; 3° l'armateur ou l'expéditeur du navire, M......

Et de fait, nous avons rapporté le présent procès-verbal, à l'effet de contraindre les contrevenants susdénommés et qualifiés au paiement des amendes encourues, sous toutes réserves de droit et notamment des frais nécessaires pour parvenir à l'exécution du présent.

La pièce en contravention saisie a été signée *ne varietur* et jointe au procès-verbal rédigé ce même jour, pour délit prévu par la loi du 11 juin 1859, art. 21, pour les peines de droit être poursuivies devant le Tribunal correctionnel, par M. le Procureur de la République.

Fait et clos au bureau des Douanes de ....., les jour, mois et an que dessus, à..... heures avant ou après-midi.

(Signatures.)

L'an mil huit cent soixante-....., le..... 187.,à.... heures avant ou après-midi, par devant nous, juge de paix du canton de ....., sont comparus les sieurs.....

noms , prénoms et qualités ....., à ....., y demeurant,
lesquels , après lecture à eux donnée du présent procès-
verbal ci-dessus et , d'autre part , l'ont affirmé sincère
et véritable. En foi de quoi nous avons dressé le présent
acte qu'ils ont signé avec nous , après lecture.

(Signatures.)

Enregistré à ....., le ..... 187., f° ..... c° .....,
reçu 3 fr. 75 c.

L'original est établi sur papier timbré ; deux copies
sur papier libre sont adressées à la Recette principale
des Douanes.

CONNAISSEMENT VENANT D'UNE COLONIE FRANÇAISE OÙ LE TIMBRE EST ÉTABLI NON REVÊTU DU TIMBRE DE LA COLONIE.

L'an mil huit cent soixante-..... et le ....., à la requête du Directeur général de l'Enregistrement, des Domaines et du Timbre, Hôtel du Ministère des Finances, Palais du Louvre, pavillon Colbert, à Paris; poursuites et diligences de M. ....., directeur de cette administration, au département de ....., demeurant rue ....., n° ....., où il est fait élection de domicile pour les suites du présent;

Nous, soussignés ....., noms, prénoms et qualités ....., résidant en cette ville, dûment commissionnés et ayant serment en justice, agissant en vertu de la loi du 30 mars 1872, certifions que cejourd'hui....., à ..... heures avant ou après-midi, le sieur ....., employé chez M. ....., courtier maritime, à ....., rue ....., n° ....., nous a présenté, pour la mise en déclaration du navire ....., capitaine ....., à son arrivée de ....., le manifeste de la cargaison et les connaissements au nombre de ....., en nous demandant de les soumettre à la formalité du timbre; l'un de ces connaissements non revêtu du timbre de la Colonie est libellé comme suit :

« Il a été chargé, etc. . . . .
. . . .
. . . .
. . . .

Fait à ....., le ...... 187....

LE CHARGEUR,
signé :

LE CAPITAINE,
signé :

L'impôt du timbre est établi à ..... et aux termes
d'un décret du 21 septembre 1864 (bulletin des lois 1244,
11ᵉ série, nᵒ 12,665), art. 31 , tout écrit sujet au timbre
de dimension et fait sur papier non timbré est passible
d'une amende de 50 fr., *sans décimes.*

(Les perceptions faites dans les Colonies ne sont pas
soumises aux décimes. Instructions générales 1754 de
l'Enregistrement.)

C'est pourquoi, vu la contravention à l'art. 31 précité , nous avons saisi ce connaissement, que nous avons
signé *ne varietur* , et rapporté le présent procès-verbal ,
à l'effet de contraindre le chargeur contrevenant au
paiement de l'amende encourue , sous toutes réserves
de droit et notamment des frais nécessaires pour parvenir à l'exécution du présent, que nous avons dressé en
notre bureau des Douanes, sis rue ....., nᵒ ....., à
....., les jour, mois et an que dessus, à ..... heures
avant ou après-midi.

(*Signatures.*)

Enregistré à ....., le ..... 187...., f...... c*.....,
perçu 3 fr. 75 c.

CONNAISSEMENT D'UN CONSIGNATAIRE ILLÉGALEMENT REVÊTU D'UNE ESTAMPILLE DE CONTROLE.

L'an mil huit cent soixante-..... et à la requête de
l'administration de l'Enregistrement, des Domaines et
du Timbre , dont le bureau central est à Paris , Hôtel
Ministère des Finances, Palais du Louvre, pavillon
Colbert, poursuites et diligences de M. ....., directeur
de cette administration, au département de ....., de-

meurant à ....., rue ....., nº ....., où il est fait élection de domicile , pour les suites du présent ;

Nous, soussignés ....., noms, prénoms et qualités ....., résidant en cette ville, dûment commissionnés et ayant serment en justice , agissant en vertu de la loi du 30 mars 1872 , certifions que le navire ....., capitaine ....., venant de ....., est entré dans ce port le ....., et qu'il nous a été présenté en même temps que le manifeste , un seul connaissement-chef pour toute la cargaison , composée de ..... , donner le détail ..... , sur lequel connaissement nous avons appliqué un timbre mobile de 1 fr. 2/10 et que remise de l'estampille de contrôle a été faite à M. ....., courtier maritime, qui s'était présenté au nom du capitaine.

Certifions , en outre , que plusieurs consignataires de ces marchandises ont levé, au bureau de la Douane, diverses expéditions pour leur débarquement, entr'autres:

Le ..... 187....., M. ....., rue ....., nº ....., à ....., a présenté audit bureau de la Douane de ..... une déclaration de mise à la consommation, nº ....., pour :

. . . .
. . . . . . détail de la déclaration . . . .
. . . .

Signé :

Soupçonnant que chacun des consignataires devait avoir des connaissements pour les parties de marchandises faisant l'objet des déclarations par eux levées à la Douane, nous nous sommes transportés aux Docks, où le navire est ancré.

Trois connaissements nous ont été communiqués par l'administration des Docks.

Nous avons constaté que ces trois connaissements formaient la totalité de la déclaration de M. ....., et que sur chacun il avait été illégalement appliqué une estampille de contrôle de timbres mobiles du coût de .....

M. ....., mandé à notre bureau, a répondu à nos interpellations que ces estampilles avaient été appliquées par ignorance.

C'est pourquoi, vu les art.: 12, 31, 32 de la loi du 13 brumaire, an VII; — 76 de la loi du 28 avril 1816 ; — 1 et 2 de la loi du 6 prairial, an VII ; — 14 de la loi du 2 juillet 1862 ; — 4 de la loi du 30 mars 1872 et 3 du décret du 30 avril 1872, nous avons déclaré procès-verbal à M. .....

M. ..... s'étant engagé à signer le présent procès-verbal avec nous, remise a été faite à l'administration des Docks des trois connaissements qui font l'objet du présent rapport.

Fait et clos dans notre bureau des Douanes, à ....., les jour, mois et an que dessus, à ..... heures avant ou après-midi.

(Signatures.)

Lecture m'ayant été faite du présent procès-verbal et le reconnaissant vrai dans tout son contenu.

J'ai signé :

X.....

L'an mil huit cent soixante-..... et le ....., à ..... heures avant ou après-midi, par devant nous, juge de paix du canton de ....., sont comparus les sieurs..... noms, prénoms et qualités ....., à ....., y demeurant, lesquels après lecture à eux donnée du présent procès-verbal ci-dessus et d'autre part, l'ont affirmé sincère et véritable dans tout son contenu. En foi de quoi nous avons dressé le présent acte, qu'ils ont signé avec nous, après lecture.

(*Signatures.*)

Enregistré à . . . . ., le . . . . . 187. . . . ., f· . . . . . c· . . . . ., reçu 3 fr. 75 c.

LE RECEVEUR DE L'ENREGISTREMENT .

DÉFAUT DU TIMBRE DE 10 CENTIMES SUR UNE QUITTANCE EXCÉDANT 10 FRANCS

L'an mil huit cent soixante-..... et le ....., à la requête de M. le Directeur général de l'Enregistrement, des Domaines et du Timbre , Hôtel du Ministère des Finances, Palais du Louvre , pavillon Colbert, à Paris ; poursuites et diligences de M. ....., directeur de cette administration, au département de ....., demeurant à..... rue ....., nº ....., où il est fait élection de domicile pour les suites du présent ;

Je, soussigné ..... nom , prénoms et qualité ....., résidant en cette ville , dûment commissionné et ayant serment en justice , certifie que . . . .
. . . .
. . . .
. . . .
. . . .
. . . .
. . . .

Par ce fait , M. ..... a contrevenu aux dispositions de l'art. 18 de la loi du 23 août 1871 , qui a soumis à un droit du timbre de dix centimes, à partir du premier décembre de la même année, les quittances de sommes au-dessus de dix francs, données aux pieds des factures ou mémoires, les quittances pures et simples, etc., et généralement tous les titres de quelque nature qu'ils soient, signés ou non signés, qui emportent libération, reçu ou décharge. En conséquence, le susnommé à encouru l'amende de soixante francs en principal et décimes, prononcée par l'art. 23 de la loi précitée.

C'est pourquoi, vu les art. 31, 32, de la loi du 13 brumaire an VII — 76 de la loi du 28 avril 1816 — 1 et 2 de la loi du 6 prairial, an VII — 14 de la loi du 2 juillet 1862 — 1, 13, et 23 de la loi du 29 août 1871 et 2 du décret du 27 décembre suivant, j'ai saisi.................

....

que j'ai signé *ne varietur*.......................
et rapporté le présent procès-verbal à l'effet de contraindre M...
au paiement de la somme de.........................
montant en principal et décimes de l'amende et de droit de timbre frustré, sous toutes réserves de droit, et, notamment, des frais nécessaires pour parvenir à l'exécution du présent que j'ai dressé à.....................
les jour, mois et an que dessus.

Enregistré à..... le..... 187...... fr...... c.....
reçu..... 3 fr. 75.

Nota. — L'original est adressé sur papier timbré; deux copies pour la Recette principale des Douanes sont établies sur papier libre.

Remise de l'original est faite au Receveur de l'Enregistrement.

Les procès-verbaux constatés à la requête de l'Administration des Douanes doivent être, sous peine de nullité, rédigés et signés par deux employés ; ceux, au contraire, constatés à la requête de l'Administration de l'Enregistrement , peuvent être dressés et signés *par un seul agent*.

DOUANES

BUREAU DU TIMBRE

des Connaissements

CONTENTIEUX

Trimestre de 187

Direction de. . . . .

PRINCIPALITÉ DE. . . . .

Bureau de. . . . .

RELEVÉ DES PROCÈS-VERBAUX rédigés par les agents des Douanes (service sédentaire) à la requête de l'Administration de l'Enregistrement, des Domaines et du Timbre.

DATES	NOMS DES CONTREVENANTS	NATURE DES CONTRAVENTIONS	OBSERVATIONS

A   le   187

Le   des Douanes,

BARÊME

Pour la perception des timbres à 1 fr. 20

1...1.20	21..25.20	41..49.20	61..73.20	81..97.20
2...2.40	22..26.40	42..50.40	62..74.40	82..98.40
3...3.60	23..27.60	43..51.60	63..75.60	83..99.60
4...4.80	24..28.80	44..52.80	64..76.80	84.100.80
5...6.00	25..30.00	45..54.00	65..78.00	85.102.00
6...7.20	26..31.20	46..55.20	66..79.20	86.103.20
7...8.40	27..32.40	47..56.40	67..80.40	87.104.40
8...9.60	28..33.60	48..57.60	68..81.60	88.105.60
9..10.80	29..34.80	49..58.80	69..82.80	89.106.80
10..12.00	30..36.00	50..60.00	70..84.00	90.108.00
11..13.20	31..37.20	51..61.20	71..85.20	91.109.20
12..14.40	32..38.40	52..62.40	72..86.40	92.110.40
13..15.60	33..39.60	53..63.60	73..87.60	93.111.60
14..16.80	34..40.80	54..64.80	74..88.80	94.112.80
15..18.00	35..42.00	55..66.00	75..90.00	95.114.00
16..19.20	36..43.20	56..67.20	76..91.20	96.115.20
17..20.40	37..44.40	57..68.40	77..92 40	97.116.40
18..21.60	38..45.60	58..69.60	78..93.60	98.117.60
19..22.80	39..46.80	59..70.80	79..94.80	99.118.80
20..24.00	40..48.00	60..72.00	80..96.00	100.120.00

BARÊME POUR LA PERCEPTION DES TIMBRES A 0.60

1...0.60	26..15.60	51..30.60	76..45.60
2...1.20	27..16.20	52..31.20	77..46.20
3...1.80	28..16.80	53..31.80	78..46.80
4...2.40	29..17.40	54..32.40	79..47.40
5...3.00	30..18.00	55..33.00	80..48.00
6...3.60	31..18.60	56..33.60	81..48.60
7...4.20	32..19.20	57..34.20	82..49.20
8...4.80	33..19.80	58..34 80	83..49.80
9...5.40	34..20.40	59..35.40	84..50.40
10...6.00	35..21.00	60..36.00	85..51.00
11...6.60	36..21.60	61..36.60	86..51.60
12...7.20	37..22.20	62..37.20	87..52.20
13...7.80	38..22.80	63..37.80	88..52.80
14...8.40	39..23.40	64..38.40	89..53.40
15...9.00	40..24.00	65..39.00	90..54.00
16...9.60	41..24.60	66..39.60	91..54.60
17..10.20	42..25.20	67..40.20	92..55 20
18..10.80	43..25.80	68..40.80	93..55.80
19..11.40	44..26.40	69..41.40	94..56.40
20..12.00	45..27.00	70..42.00	95..57.00
21..12.60	46..27.60	71..42.60	96..57.20
22..13.20	47..28.20	72..43.20	97. 57.80
23..13 80	48..28.80	73..43.80	98..58.40
24..14.40	49..29.40	74..44.40	99..59.60
25..15.00	50..30.00	75..45.00	100..60.00

BARÊME

POUR L'ACHAT DES FEUILLES

La feuille de timbres de dimension à 0.60, pour certificats, compte 100 timbres et vaut 60 f.

Feuilles à 1 fr. 20 c. (50 Timbres)		Feuilles à 2 fr. 40 c. (50 Timbres)		Feuilles à 0 fr. 60 c. (50 Timbres)	
1	60	1	120	1	30
2	120	2	240	2	60
3	180	3	360	3	90
4	240	4	480	4	120
5	300	5	600	5	150
6	360	6	720	6	180
7	420	7	840	7	210
8	480	8	960	8	240
9	540	9	1080	9	270
10	600	10	1200	10	300
11	660	11	1320	11	330
12	720	12	1440	12	360
13	780	13	1560	13	390
14	840	14	1680	14	420
15	900	15	1800	15	450
16	960	16	1920	16	480
17	1020	17	2040	17	510
18	1080	18	2160	18	540
19	1140	19	2280	19	570
20	1200	20	2400	20	600

DROITS DE STATISTIQUE

TABLEAU DES MODIFICATIONS
à l'article 3 de la loi du 22 Janvier 1872

Loi du 22 Janvier 1872.

ARTICLE 3.

Il est établi, pour subvenir aux frais de la statistique commerciale, un droit de 10 centimes par colis sur les marchandises en futailles, caisses, sacs ou autres emballages; de 10 centimes par mille kilog. ou par mètre cube sur les marchandises en vrac, et de 10 centimes par tête sur les animaux, vivants ou abattus, des espèces chevaline, ovine, caprine et porcine. Ce droit, indépendant de toute autre taxe, mais affranchi des dixièmes additionnels, sera perçu tant à l'entrée qu'à la sortie, quelle que soit la provenance ou la destination.

MARCHANDISES	MODE DE PERCEPTION	DÉCISIONS ADMINISTRATIVES
Acier	En barres simplement liées par un fil de fer, 10 cent. la tonne................	13 février 1872.
Algérie	Les marchandises sont passibles de la taxe, tant à l'importation en France qu'à l'exportation de la Métropole.................	13 février 1872.
Alpiste (Grains et Farines)	10 centimes le colis........	10 septembre 1872.
Animaux Vivants ou abattus.	10 centimes la tête; espèces chevaline , bovine, ovine , caprine et porcine; attelés ou montés, exempts ; conduits aux foires ou au pacage (le droit n'est dû que pour les animaux vendus); affectés à des transports réguliers entre la France et l'étranger, exempts.	13 février 1872.
Arachides	Voir graines oléagineuses...	27 février 1872.

MARCHANDISES	MODE DE PERCEPTION	DÉCISIONS ADMINISTRATIVES
Aulx	Voir légumes verts........	»
Asphalte (Poudre d')	10 centimes le colis........	17 août 1875.
Avoine (Grains et farines).	Voir céréales.............	24 juillet 1872
Bagages	Portés à la main ou qui accompagnent les voyageurs et les émigrants, exempts.	21 janvier 1873
Bâtisses Sables, cailloux, etc.	10 centimes la tonne, quel que soit le mode de transport.	7 février 1872.

MARCHANDISES	MODE DE PERCEPTION	DÉCISIONS ADMINISTRATIVES
Bestiaux	Voir animaux vivants, les bêtes de somme et de labour sont exemptes......	13 février 1872.
Bitumes	10 centim. le colis (liquides), 10 cent. la tonne (solides)	Id.
Bois	Traverses, 10 centimes le stère .... A brûler, 10 centimes le stère En fagots, 10 centimes la tonne.................. Echalas, 10 cent. la tonne.. Du Sénégal, de noyer, de chêne, 10 centimes le stère. Sciés, de plus 80 $^{m}/_{m}$, 10 c. le stère	13 février 1872.
	Sciés, de moins de 80 $^{m}/_{m}$, au mètre cube ou à la tonne Mâts, mâtereaux, espars, etc..., 10 cent la tonne....	14 janvier 1875.
	Feuillards. 10 cent. la tonne En éclisses, 10 cent. la tonne Douelles, 10 cent. la tonne.	13 février 1872.
	Bruts, 10 cent. le stère.....	Id.

MARCHANDISES	MODE DE PERCEPTION	DÉCISIONS ADMINISTRATIVES
Bottes d'osier, de paille, de fer, feuillard.	10 centimes la tonne........	7 février 1872.
Briques	Voir matériaux...........	Id.
Cabotage	Toutes les marchandises sont exemptes de la taxe.	Id.
Caisses	D'après le texte de la loi, la caisse constitue toujours un emballage complet et la marchandise paie au colis, sauf lorsqu'elle jouit d'une exemption........	Id.
Carreaux de ciment.	10 centimes la tonne quel que soit le mode de transport.	7 févr. 1872. 2 juillet 1873

MARCHANDISES	MODE DE PERCEPTION	DÉCISIONS ADMINISTRATIVES
Céréales (Grains et farines.)	10 centimes la tonne quel que soit le mode de transport.	24 juillet 1872.
Chanvre (Cordages de)	10 centimes la tonne simplement liés et sans emballage.................	7 avril 1872.
Charbon	En sacs, 10 centimes le colis....................	Id.
Chasseurs (Navires chargés du ravitaillement.)	Ces bâtiments sont assimilés aux navires pêcheurs et jouissent de l'exemption..	24 juil. 1872.
Châtaignes et leur farine.	10 centimes le colis..... ...	13 sept. 1872

MARCHANDISES	MODE DE PERCEPTION	DÉCISIONS ADMINISTRATIVES
Chaux	10 centimes la tonne quel que soit le mode de transport.	7 avril 1872.
Chêne (Bois de)	Voir bois...............	»
Ciment	10 centimes la tonne quel que soit le mode de transport.	7 avril 1872
Citrons	Voir oranges.............	»
Coke	Voir houille	»

MARCHANDISES	MODE DE PERCEPTION	DÉCISIONS
Colis	Toute marchandise en caisses, fûts, futailles, ou entourée d'un emballage complet doit être considérée comme étant en colis....................	»
Colonies	Suivent le même régime que l'Algérie................	7 février 1872
Cordages de toutes sortes.	10 centimes la tonne simplement liés et sans emballage................	7 avril 1872
Cornes de bétail.	10 centimes le colis........	14 janvier 1875.
Corse	Régime du Cabotage, marchandises exemptes de la taxe....................	»

MARCHANDISES	MODE DE PERCEPTION	DÉCISIONS ADMINISTRATIVES
Coton (Graines de)	10 centimes par cinq sacs	21 mai 1873.
Derle	10 centimes la tonne quel que soit le mode de transport.	7 avril 1872.
Douelles	Voir bois................,	»
Eau-de-vie	Petits barils renfermés dans un grand, caissettes dans une grande caisse, caisses en fardeaux au moyen d'un fer feuillard, 10 centimes par colis ou fardeau.	7 avril 1872.
Echalas	Voir bois.....	13 février

MARCHANDISES	MODE DE PERCEPTION	DÉCISIONS ADMINISTRATIVES
Eclisses (Bois en)	Voir bois..................	»
Ecorces à tan.	10 centimes la tonne quelque soit le mode de transport.	7 avril 1872.
Emballage	Il doit être complet et le service doit veiller à ce qu'il ne soit pas simulé pour échapper à la taxe...	13 février 1872.
Emprunt de territoire.	Les marchandises françaises empruntant le territoire étranger sont exemptes de la taxe par assimilation au cabotage.............	Id.
Engrais (Phospho-guano et autres.)	10 centimes la tonne quel que soit le mode de transport.	24 juil. 1872.

MARCHANDISES	MODE DE PERCEPTION	DÉCISIONS ADMINISTRATIVES
Entrepôts	Les marchandises sortant des entrepôts pour la consommation sont exemptes de la taxe; elle est dûe pour celles réexportées à l'Etranger ou aux colonies.	7 février 1872.
Epeautre	Voir céréales..............	»
Espars	Voir bois.................	»
Estagnons	10 centimes le colis, renfermés dans une caisse, 10 centimes la caisse.....	»
Fagots (Bois en)	Voir bois.................	»

MARCHANDISES	MODE DE PERCEPTION	DÉCISIONS ADMINISTRATIVES
Fardeaux	Le fardeau est la réunion de plusieurs colis entourés d'un emballage complet ou simplement cerclés en bois ou en fer..............	24 juil. 1872.
Farines de Alpiste....	10 centimes le colis........	Id.
Froment...	10 centimes la tonne.......	24 juil. 1872.
Epeautre..	id.	Id.
Méteil.....	id.	Id.
Seigle.....	id.	Id.
Orge......	id.	Id.
Maïs	id.	Id.
Sarrasin ..	id.	Id.
Avoine....	id.	Id.
Châtaignes	10 centimes le colis	13 sept. 1872
Marrons...	id.	Id.
Légumes secs...	id.	Id.
Millet....	id.	Id.
Feuillards (Bois).	Voir bois..............	Id.
Fer	En barres simplement liées, 10 centimes la tonne	13 février 1872.

MARCHANDISES	MODE DE PERCEPTION	DÉCISIONS ADMINISTRATIVES
Figues Sèches.	Voir fruits secs............	»
Foin	Voir paille...............	»
Fonds du trésor.	Sont affranchis de l'impôt.	22 janvier 1875.
Fourrages	Voir paille	»
Fractionnement	Le droit de statistique ne peut pas être fractionné; tout excédant de l'unité doit le droit entier.......	13 février 1872.

MARCHANDISES	MODE DE PERCEPTION	DÉCISIONS ADMINISTRATIVES
Francisation des navires.	Voir navire...............	»
Froment (Grains et farines.)	Voir céréales.............	»
Fruits de table frais.	10 centimes la dizaine de colis, quand le colis ne dépasse pas 25 kilos (sauf les oranges, les citrons et leurs variétés)..........	»
Fruits secs Figues, raisins et autres fruits.	En cabas, caissettes, paniers, sachets de 15 kilog. et au-dessous, 10 centimes la dizaine; au-dessus de 15 kilog. 10 centimes le colis....................	6 août 1872 7 novembre 1874.
Futailles et futs	D'après le texte de la loi, la futaille constitue toujours un emballage complet et la marchandise doit payer au colis, sauf le cas où elle jouit d'une exemption....	»

MARCHANDISES	MODE DE PERCEPTION	DÉCISIONS ADMINISTRATIVES
Futailles et fûts	Montés, à la tonne ; en bottes, au colis.........	»
Graines Oléagineuses.	10 centimes par dizaine de couffettes, sachets, pochettes de 25 kilog. et au-dessous ; au-dessus de 25 kilog., 10 centimes le colis..................	7 avril 1872.
Grains (Céréales en)	Voir céréales..............	»
Graisses Résineuses.	10 centimes par dizaine de boîtes ne dépassant pas 2 kilog.................	24 juil. 1872.
Guano	Voir engrais..............	»

MARCHANDISES	MODE DE PERCEPTION	DÉCISIONS ADMINISTRATIVES
Groups d'or et d'argent.	10 centimes le group. Les fonds du trésor sont affranchis de la taxe......	22 janvier 1875.
Guerre (Navire de) Colis débarqués ou embarqués sur les navires de guerre	Sont affranchis de la taxe dans les deux cas. (Voir marine de l'Etat	7 avril 1872.
Haricots et autres.	Voir légumes secs.........	»
Herbes de pâturage.	Voir paille...............	»
Houille	10 centimes la tonne à l'entrée comme à la sortie.	13 février 1872

MARCHANDISES	MODE DE PERCEPTION	DÉCISIONS ADMINISTRATIVES
Jarosse	Voir paille...............	»
Jute (Cordages de)	Voir cordages.............	»
Kaolin	10 centimes la tonne quel que soit le mode de transport.	7 avril 1872.
Laines en masse, peignées, etc.	En balles, 10 centimes le colis....................	13 février 1872.
Légumes Secs.	10 centimes la tonne quel que soit le mode de transport....................	24 juil. 1872.

MARCHANDISES	MODE DE PERCEPTION	DÉCISIONS ADMINISTRATIVES
Légumes Verts.	10 centimes la dizaine de paniers , mannes , caissettes ou corbeilles.......	24 juil. 1873.
Lest	Exempt de la taxe quand il ne constitue pas une marchandise..............	13 février 1872.
Lin	Suit le régime appliqué aux laines , voir laines.......	Id.
Lin (Graines de)	Voir graines oléagineuses ..	»
Lupins	10 centimes la tonne quel que soit le mode de transport.	11 novembre 1872.

MARCHANDISES	MODE DE PERCEPTION	DÉCISIONS ADMINISTRATIVES
Machines (Pièces de)	Détachées, 10 centimes la tonne s'il s'agit de marchandises à nu..........	13 février 1872.
Maïs (Grains et farines)	10 centimes la tonne quel que soit le mode de transport.	24 juil. 1872.
Marchandises	L'unité qui doit servir de base à la perception de la taxe est celle qui est inscrite au tableau des droits ; pour les marchandises dont l'unité est le nombre, le droit de statistique doit être perçu au poids..	13 février 1872.
Marchandises embarquées sur les navires de commerce pour le compte de l'Etat.	Les marchandises embarquées sur les navires de commerce pour le compte de l'état doivent le droit de statistique..........	23 juil. 1872.
Marine de l'Etat.	Les colis (objets de collection et autres) importés par les marins et les officiers de la marine de l'Etat ne sont pas considérés comme marchandises et sont affranchis du droit de statistique..........	7 avril 1872.

MARCHANDISES	MODE DE PERCEPTION	DÉCISIONS ADMINISTRATIVES
Marrons et leur farine.	10 centimes le colis........	13 février 1872.
Matériaux propres à la bâtisse	10 centimes la tonne quel que soit le mode de transport.	7 février 1872.
Mâts Mâtereaux , etc.	Voir bois.................	»
Mécaniqes	Voir machines..............	»
Merrains	Voir bois.................	»

MARCHANDISES	MODE DE PERCEPTION	DÉCISIONS ADMINISTRATIVES
Méteil (Grains et farines.)	10 centimes la tonne quel que soit le mode de transport....................	24 juil. 1872.
Millet	10 centimes le colis	13 sept. 1872
Minerais	10 centimes la tonne quel que soit le mode de transport.	7 février
Moellons	Voir matériaux	»
Montures (Bêtes de somme, attelage.)	La loi ne taxe que les animaux considérés comme marchandise	24 juil. 1872.

MARCHANDISES	MODE DE PERCEPTION	DÉCISIONS ADMINISTRATIVES
Muriate de potasse et autres produits chimiques analogues.	10 centimes le colis.........	12 juil. 1875.
Navires	Les navires étrangers importés en vue de la francisation ne pouvant être rangés parmi les marchandises proprement dites, ne doivent pas être soumis à la taxe.........	13 février 1872. 14 janv. 1875
Navires de commerce chargés pour le compte de l'Etat	Le droit de statistique est dû pour toutes les marchandises embarquées ou débarquées pour le compte de l'Etat................	23 juillet 1872
Navires de l'État.	Voir marine de l'Etat......	»
Nattes	Voir tresses...............	23 juil. 1872.

MARCHANDISES	MODE DE PERCEPTION	DÉCISIONS ADMINISTRATIVES
Nitrate de soude en sacs.	10 centimes la tonne quel que soit le mode de transport.	12 mai 1875.
Noyer (Bois de)	Voir bois.................	»
Objets de rechange vergues, voiles, cordages, mobiliers et hardes de l'équipage.	Mis à terre pour être réparés ou visités sont exempts du droit de statistique...	7 avril 1872 24 juil. 1872.
Ocres	10 centimes la tonne quel que soit le mode de transport.	7 janvier 1873
Ognons	Voir légumes verts........	»

MARCHANDISES	MODE DE PERCEPTION	DÉCISIONS ADMINISTRATIVES
Oranges et leurs variétés.	10 centimes par dizaine de colis, quand les colis ne dépassent pas 25 kilos....	Marseille.
Orge (Grains et farines.)	Voir céréales..............	24 juil. 1872.
Os de bétail sabots de bétail, os calcinés à blanc, poudre d'os, etc.	Ces produits ne sont pas considérés comme engrais, ils doivent le droit de statistique à raison de 10 centimes par colis toutes les fois qu'ils sont présentés autrement qu'en vrac....................	14 janvier 1875.
Osier en bottes.	Voir bottes...............	7 février 1872.
Paille, etc. (Céréales et fourrages.)	10 centimes la tonne ; en balles pressées et cerclées en fer, 10 centimes le colis.	13 février 1872.

MARCHANDISES	MODE DE PERCEPTION	DÉCISIONS ADMINISTRATIVES
Papiers en rames.	10 centimes la tonne ; sous plateaux et sous cordes, 10 centimes le colis......	7 février 1872.
Papiers en rouleaux.	10 centimes la tonne sous maculature.............	24 juil. 1872.
Paquets de cannes brutes.	Simplement liés, 10 centimes la tonne..........	7 avril 1872.
Paquets de fil de lin, de chanvre, de jute d'étoupe.	Simplement liés et sans emballage , 10 centimes la tonne.................	Id.
Paquets de tubes.	Simplement liés et sans emballages, 10 centimes la tonne............	Id.

MARCHANDISES	MODE DE PERCEPTION	DÉCISIONS ADMINISTRATIVES
Pâtes de végétaux pour la fabrication du papier.	10 centimes le colis.........	26 octobre 1872.
Pâtes d'Italie.	10 centimes par fardeau de caissons de 6 kilog. et au-dessous, alors même que la réunion des caissons soit faite avec des cordes; au-dessus de 6 kil., 10 c. par colis...............	4 mai 1872.
Pavots (Graines de)	Voir graines oléagineuses..	»
Peaux brutes.	En vrac, 10 centimes la tonne ; en balles simplement liées, 10 centimes le colis....................	13 février 1872
Pêches	Engins, filets, grappins, harpons, etc., exempt pour la grande comme pour la petite pêche............	7 fév. 1872.

MARCHANDISES	MODE DE PERCEPTION	DÉCISIONS ADMINISTRATIVES
Perception du droit de statistique.	L'administration laisse aux chefs la faculté de faire percevoir la taxe avant ou après l'opération de la visite....................	9 févr. 1872.
Pièces de machines.	Voir machines............	»
Phosphates de chaux.	10 centimes le colis........	6 avril 1875.
Phospho-Guano et autres.	10 centimes la tonne quel que soit le mode de transport....................	24 juillet 1872
Plâtre	10 centimes la tonne quel que soit le mode de transport.	7 févr. 1872.

MARCHANDISES	MODE DE PERCEPTION	DÉCISIONS ADMINISTRATIVES
Plomb en barres, tuyaux, couronnes,rouleaux	10 centimes la tonne........	28 février 1872.
Plomb de chasse.	10 centimes par dizaine de sachets ne dépassant pas 10 kilog..................	24 juil. 1872.
Pommes de terre.	10 centimes la tonne quel que soit le mode de transport.	11 novembre 1872.
Pommes tapées.	10 centimes par dizaine de paniers, corbeilles, etc....	7 avril 1872.
Poudre Asphaltique.	En sacs, dix centimes le colis..................	17 août 1875.

9

MARCHANDISES	MODE DE PERCEPTION	DÉCISIONS ADMINISTRATIVES
Poudre (Barils de)	10 centimes le colis........	4 novembre 1873.
Poussière de riz.	10 centimes le colis........	27 août 1875
Produits chimiques (sels).	10 centimes le colis........	12 juil. 1875.
Provisions de bord.	Le droit est exigible suivant le classement du produit.	7 févr. 1872.
Provisions venant de l'étranger et transbordées pour y retourner.	S'il s'agit d'une simple mesure d'ordre le droit n'est pas dû..................	24 juil. 1872.

MARCHANDISES	MODE DE PERCEPTION	DÉCISIONS ADMINISTRATIVES
Prunes sèches.	Voir fruits secs............	»
Raisins secs.	Voir fruits secs...........	»
Racines de Réglisse.	En paquets nus simplement liés, 10 centimes la tonne ; autrement 10 centimes le colis....................	7 avril 1872
Récipients vides.	10 centimes la tonne, réunis en fardeaux, 10 centimes le fardeau..............	7 février 1872
Récoltes des propriétaires	Ne sont pas soumises au droit de statistique......	7 avril 1872

MARCHANDISES	MODE DE PERCEPTION	DÉCISIONS ADMINISTRATIVES
Réglisse (Racines de)	Voir racines...............	»
Relour (Marchandises de)	Ne sont pas soumises au droit de statistique.......	7 avril 1872.
Riz en grains.	10 centimes par dizaine de colis de 35 kilog. et au-dessous ; au-dessus de 35 kilog. 10 centimes le colis....................	28 novembre 1873.
Riz (Poussière de)	10 centimes le colis........	27 août 1875.
Roseaux (Paquets de)	Voir paquets de cannes....	»

MARCHANDISES	MODE DE PERCEPTION	DÉCISIONS ADMINISTRATIVES
Sable	Voir bâtisse...............	»
Sabots de bétail.	Voir os...................	»
Sacs	Réunis en fardeaux, 10 centimes le fardeau.........	5 novembre 1875.
Sarrasin (Grains et farines).	10 centimes la tonne quelque soit le mode de transport.	24 juil. 1872.
Savons	10 centimes le colis	7 avril 1872.

MARCHANDISES	MODE DE PERCEPTION	DÉCISIONS ADMINISTRATIVES
Savons Bleus ou Talc.	10 centimes le colis présenté séparément ; réunis en fardeaux., 10 centimes le fardeau................	7 avril 1872.
Sciure de bois.	10 centimes la tonne quel que soit le mode de transport.	Id.
Seigle (Grains et farines.)	10 centimes la tonne quel que soit le mode de transport.	24 juil. 1872.
Sel Marin, de Saline, Sel Gemme.	10 centimes la tonne, quel que soit le mode de transport.	7 avril 1872.
Semoule	10 centimes le colis........	»

MARCHANDISES	MODE DE PERCEPTION	DÉCISIONS ADMINISTRATIVES
Son	10 centimes la tonne quel que soit le mode de transport.	24 juillet 1872.
Soude (Nitrate de)	10 centimes la tonne quel que soit le mode de transport.	12 mai 1875.
Soufre sublimé.	10 centimes le colis........	10 avril 1874
Sparte (Cordages de) (Tresses de)	Voir cordages ou tresses....	»
Sucres bruts.	10 centimes le colis........	7 février 1872.

MARCHANDISES	MODE DE PERCEPTION	DÉCISIONS ADMINISTRATIVES
Sucres en pain.	Sont traités comme en vrac; 10 centimes la tonne.....	7 février 1872
Talc en poudre.	10 centimes le colis	11 août 1874 (Marseille.)
Terres pour lest.	Voir lest..................	»
Terres de toutes sortes.	10 centimes la tonne quel que soit le mode de transport.	7 avril 1872.
Terres savonneuses.	10 centimes le colis........	»

MARCHANDISES	MODE DE PERCEPTION	DÉCISIONS ADMINISTRATIVES
Terres réfractaires.	Voir matériaux	7 févr. 1872.
Tourteaux de graines oléagin.	10 centimes la tonne quel que soit le mode de transport.	24 juil. 1872.
Transbordement	Le droit n'est dû qu'une fois	13 février 1872.
Transit avec mise en entrepôt.	Le droit est dû à l'entrée et à la sortie............	7 février 1872.
Transit direct.	Le droit n'est dû qu'au bureau d'entrée............	21 janvier 1873.

MARCHANDISES	MODE DE PERCEPTION	DÉCISIONS ADMINISTRATIVES
Transit International sur Paris.	Le droit de statistique est perçu à Paris	20 décembre 1873.
Transit par mer après transbordem^t	Le premier droit se perçoit au bureau d'entrée ; le 2me au bureau qui constate la sortie................	13 février 1872.
Fraverses	Voir bois................	»
Tresses de bois blanc de sparte, etc.	10 centimes la tonne simplement liées et sans emballage. En balles 10 centimes le colis...........	7 août 1872.
Tubes en fer.	10 centimes la tonne en paquets simplement liés par un fil de fer.............	7 avril 1872.
Tulles	Voir matériaux	»

MARCHANDISES	MODE DE MARCHANDISES	DÉCISIONS ADMINISTRATIVES
Tuyaux en fonte, en plomb, etc., etc.	10 centimes la tonne (Marchandise à nu)..........	28 février 1872.
Vermicelle	Les caissons de 6 kilog. et au-dessous réunis en fardeaux, paient 10 centimes le fardeau, alors même que la réunion des caissons soit faite avec des cordes.................	4 mai 1872.
Voiles Vergues , etc.	Voir objets de rechange....	»
Voyageurs Bagages, etc.	Voir bagages	»

ERRATUM (PAGE 107)

Charbon | En vrac, 10 c. le mètre cube. | »

TABLE ALPHABÉTIQUE

DES

MATIÈRES

Marseille. -- Imp. et Stéréotypie du Petit Marseillais, quai du Canal, 15.

www.ingramcontent.com/pod-product-compliance
Lightning Source LLC
Chambersburg PA
CBHW071854200326
41519CB00016B/4382